青春美文精品集萃丛书
回忆长廊系列

回忆是乘着微风的滑板

《语文报》编写组 选编

时代文艺出版社

图书在版编目（CIP）数据

回忆是乘着微风的滑板／《语文报》编写组选编. -- 长春：时代文艺出版社，2021.6
（青春美文精品集萃丛书. 回忆长廊系列）
ISBN 978-7-5387-6752-0

Ⅰ. ①回… Ⅱ. ①语… Ⅲ. ①作文－中小学－选集 Ⅳ. ①H194.5

中国版本图书馆CIP数据核字(2021)第095600号

回忆是乘着微风的滑板
HUIYI SHI CHENGZHE WEIFENG DE HUABAN

《语文报》编写组　选编

出 品 人：陈　琛
责任编辑：孟宇婷
装帧设计：陈　阳
排版制作：隋淑凤

出版发行：时代文艺出版社
地　　址：长春市福祉大路5788号　龙腾国际大厦A座15层　（130118）
电　　话：0431-81629751（总编办）　0431-81629755（发行部）
网　　址：weibo.com/tlapress（官方微博）　sdwycbsgf.tmall.com（天猫旗舰店）
开　　本：880mm×1230mm　1/32
字　　数：135千字
印　　张：7
印　　刷：三河市嵩川印刷有限公司
版　　次：2021年6月第1版
印　　次：2021年6月第1次印刷
定　　价：36.00元

图书如有印装错误　请寄回印厂调换

编 委 会

主　　编：刘应伦

编　　委：刘应伦　赵　静　李音霞
　　　　　郭　斐　刘瑞霞　王素红
　　　　　金星闪　周　起　华晓隽
　　　　　何发祥　朱晓东　陈　颖
　　　　　段岩霞　刘学强

本册主编：陈　洁　秦　峰

Contents 目 录

白翼天使来我家

白翼天使来我家 / 黄玮婷 002
难忘的"六一" / 石宇谦 004
又是一年桂花开 / 李友乐 006
我的老爸 / 陈 泽 008
操场上的那一抹红 / 周 馨 010
一场特殊的文艺晚会 / 侯世康 013
给羊盖新房 / 赵凯宇 015
轻轻地,我走了 / 陈乔琏 017
生日 Party / 范烨灿 020
大红薯,小红薯 / 唐子蝶 023
我想去当兵 / 高 原 025
今天的"音乐课" / 郑婧婧 027
我想握住你的手 / 张 涛 029
留一点儿责任给自己 / 左晓凡 031

无限风光在归途

滑板碰碰赛 /	胡存勋	034
无限风光在归途 /	朱小菊	036
我喜爱乡村生活 /	郭越博	038
泪水的味道 /	汴浩川	040
我为美丽而烦恼 /	顾晓纳	042
我的理想 /	叶娟娟	044
大店没有小店好 /	孙燕	046
听，那沉默的声音 /	陈露	048
情在不言中 /	王子鉴	050
妈妈，我错了 /	林雪	053
这就是我 /	宦艳彤	056
承诺 /	付雨阳	058
枕头里的爱 /	张丽锦	060
耳畔笑声 /	王浩	062
箍牙 /	曲素颖	064
爷爷的三轮车 /	李翊君	066
当作业落在学校之后 /	张冰寻	068
榜样 /	李玫玫	070
电视机前的一家子 /	弓卓佳	072
品书中佳肴，享人间美味 /	罗宇馨	074

那抹色彩从未淡去

等待是一种煎熬	/ 宋　婧	078
马路"杀手"在我家	/ 张静宜	081
我是探险控	/ 车命名	084
手牵手	/ 张秋媛	087
怀念外公	/ 池　晨	089
与众不同的桌子	/ 焦自强	091
沙漠里的交通工具	/ 雷景旭	093
生活的味道	/ 胡晓敏	095
我心目中的良师	/ 笛　凯	098
小区新事	/ 严新竹	100
回忆·那年	/ 袁子君	102
家乡的端午节	/ 徐　晶	105
辫子风波	/ 张甜甜	107
老师，谢谢您对我的信任	/ 史棕元	109
我当了一回小老师	/ 陆雨晨	111
"钻石"镶在牙齿上	/ 易雅洁	113
"夺命辣条"	/ 章颜珩	115
绽放美丽人生	/ 陈碧溪	117
那是一首歌	/ 俞文青	119

最美丽的风景

想念那半截直尺	/	黄江涛	122
最美丽的风景	/	岳　轩	124
我的"避暑山庄"	/	于士荣	126
骑马	/	兰杰华	128
成长的滋味	/	闫明琪	132
茶香芬芳	/	谢敏婷	134
我这个季节	/	许琳哪	136
原来没那么简单	/	周静雅	138
"沙场战记"	/	宋　佳	141
埋"地雷"	/	蒋　欣	143
我爱你，校园	/	蒋辛曼	145
家有"守财奴"	/	杨　畅	147
可爱吃货	/	葛　杨	149
车站	/	夏鸣卿	152
正月送祝福	/	罗春梅	154
漂亮阿姨	/	林静姝	156
哈喽，女足	/	王　景	159
火车晚点让我忧	/	林笑语	161

窗内，窗外

公交车上的温情 / 冯 云	164
外婆家的老相册 / 张可雨	166
我当理发师 / 张静怡	168
我的妈妈是"馋猫" / 董笑颜	170
坐着"敞篷车"去上学 / 周 维	172
窃饮记 / 何应其	174
海的味道 / 黄丹橙	176
我去北京领奖啦 / 汪艺涵	179
我的植物"邻居" / 潘彦林	181
寻找幸运星 / 石子谊	183
暑假"美梦" / 陈逸轩	185
心湖里最美的涟漪 / 王坤河	187
大公鸡 / 谢奕翔	189
奇妙的浮潜之旅 / 徐兴沛	191
友谊天长地久 / 黄 雯	193
缝沙包比赛 / 庄新苑	195
奇异的圣诞树 / 刘 念	197
闹元宵 / 桂易凯	199
辩论赛 / 邱雅若	202
惨痛的教训 / 路何婷	205
"疯狂"的奶奶 / 谢东辰	207
窗内，窗外 / 汤琪琪	209
绝食战斗计 / 邓菁菁	211

白翼天使来我家

白翼天使来我家

黄玮婷

一天中午,爷爷刚出门不久又折了回来。

"啊——"我不禁惊叫起来,因为爷爷捧回一只小白鸽——我心中的白翼天使。我的眼睛立刻被这可爱的小家伙吸引住了。瞧,白鸽的头部镶着两颗黑钻石般闪亮的眼睛,红色的小嘴不时发出"咕咕"的叫声,真好听!洁白如雪的羽毛,光滑又美丽。我的喜爱之情油然而生,不由得伸出手,轻轻地摸了摸它。"咕——咕——"没想到,我的手刚碰到羽毛,它就触电似的,打了个激灵,警惕地盯着我,仿佛在说:"你想干什么?不准伤害我!"遭到反抗,我有些不知所措。这时,有经验的爷爷发话了:"没事儿,它刚到咱家,可能有些不适应,过段日子就好了。"我听了,暗暗下决心:一定要好好照顾小白鸽,跟它建立友好的关系,让它在新家找到温暖。

就这样，白翼天使在我家的阳台住下了，我成了它的贴身"仆人"。一日三餐，我都会拿一些米粒、绿豆喂它，给它换上纯净水，让它好好享用。刚开始，白翼天使有着极高的警惕性，总是躲着我。给它食物，它总是先瞅瞅食物，再看着我，那样子仿佛在说："你走开我才吃！"为了给白翼天使一片自由的空间，让它安心进食，我只好躲到一边。它见我走了，才慢悠悠地靠近"饭碗"，津津有味地吃起来。

精诚所至，金石为开。渐渐地，白翼天使接受了我，还会很友好地让我抚摸，也不再拒绝我陪它"用餐"了。

不知不觉，白翼天使在我家住了两个多月。一天中午，一群鸽子在空中掠过，小家伙望着窗外蔚蓝的天空，望着自由飞翔的鸽群，出了神。不一会儿，它再也忍不住了，张开翅膀，在狭小的鸽笼中扑腾，试图冲向蓝天。看着这一切，我顿感心疼。是呀！小小的鸟笼关不住鸽子渴望自由、渴望翱翔蓝天的心！我要放飞白鸽，让它回到大自然中！我毅然打开鸽笼，白翼天使见了，走到门边，望了望高远的蓝天，又回头看了我一眼，然后展翅飞去，一转眼便不见了踪影。

令我开心的是，几乎每天傍晚，白翼天使都会飞回鸽笼。从此，企盼小天使回家，便也成了我们一家人每天的必修课……

难忘的"六一"

石宇谦

难忘"六一",难忘每一年那珍贵的快乐,难忘每一年那永恒的瞬间。

开卡丁车

回忆起去年"六一",那可真是惊险、刺激、快乐的一天。我和爸爸妈妈上午早早来到名阳卡丁车馆,这里简直太炫了:漂亮的专业赛车,曲折的专业赛道,时而直超、时而折弯、时而爬坡、时而俯冲,还有计时器、名次表,真想马上开一把。询价后,我觉得挺贵的,就和爸爸决定先开六分钟。六分钟听起来很短暂,可是赛道上的六分钟却让我浑身紧绷,血脉喷涌。那是我第一次开卡丁车,本以为自己不敢开快,不过却出乎意料,我和爸爸争先恐后,你追我赶,发动机的轰鸣声、轮胎的刹车声响彻耳旁。只听:"快点儿,再快点儿!"原来是爸爸追上来了。经过四五圈的追逐,在拐弯处,我猛一加速,一时把跟爸爸的距离拉开了。这虽然是我第一次开卡丁车,我以为自己赢定了。然而因为我掉以轻心,爸爸很快便又超过了我,最后还是爸爸获胜。后来我才知道:爸爸一直把赛车控制在我的前后,是为了让我感到有压力,又不失进取的信心,真是用心良苦哇!我们感叹:虽然只有短短的六分钟,却完美地体验了十分刺激的"速度与激情"。

看 电 影

体验完卡丁车后,我们又来到了万达影城观看电影《爱丽丝梦游仙境》。这是一部情感丰富的历险魔幻片,其中很多情节蕴含了很多的道理。它教会我们要关心他人、团结朋友,做事情要不畏艰险、勇往直前,要敢于面对自己的错误,要有勇于担当的精神。其中一句话让我记忆深刻:"你永远改变不了别人,能改变的只有你自己!"在浩瀚的宇宙中,在偌大的世界中,在我们热爱的校园里,在我们亲爱的小伙伴中,我们可以很强大,但同时又很渺小。

伴着欢声笑语,"六一"结束了。夕阳西下,我的喜悦之情久久不能散去。希望下一次的"六一"更加绚烂多彩,而我们在每一年的"六一"中渐渐长大。

又是一年桂花开

李友乐

今天放学后,爸爸妈妈都有事不在家,我便到同班好朋友王朝家写作业去了。我刚进她家门,便闻到了阵阵扑鼻的桂花香。

我们迫不及待地奔到院子里。那里有两棵桂花树,树枝间,一团团、一簇簇的桂花,虽然还没有完全开放,却已经缀满了枝头,金黄一片。桂花虽然不与繁花争奇斗艳,但它的香味却十分迷人。我们可喜欢了!

记得书中曾提到过:桂花成熟的时候,就应该摇树枝,摇下那朵朵桂花来,做桂花糕、拌桂花蜜。我们也来摇桂花。

我拿来了两只水果盆,一个放在地上,一个捧在手中,来接摇下来的桂花。只见王朝用手抱着桂花枝使劲儿摇,我在下面一会儿跳到东面,一会儿跑到西面,捧着盆子接桂花，忙得不亦乐乎。

一会儿，桂花落得我满头满身都是，再抬头看看王朝——呀，她早已变成一个黄灿灿的"桂花人"了！再看看盆子里，一层稀稀落落的花瓣少得能看见盆底。我说："王朝，我们换个工具吧，盆子接得太少了！""好吧。"王朝停下手中的活儿，"我们用席子！"于是我们拿来席子铺在树下。王朝大叫道："哇！下桂花雨啦！好香啊！"我也在一旁附和道："对呀对呀！还是'人工桂花雨'呢！"

这时，王朝的妈妈走了过来。"现在桂花还没完全开放。看，你们摇下的都是花苞呀！"王朝的妈妈指着那些桂花说。我们低头定睛一看，果然，大部分还是花苞。真不忍心再摇那树枝了，于是我们就用手轻轻地摘起桂花来。

我们一边沐浴着花香，一边寻找着已经开放的花儿，不禁想起了四年级时学过的一首诗：细细香风淡淡烟，竞收桂子庆丰年。儿童解得摇花乐，花雨缤纷入梦甜。

我的老爸

陈 泽

看到这个题目,你一定很好奇吧。我的老爸有什么好说的呢,但是啊,我老爸有他独特的一面。下面我就为你介绍一下我的老爸吧。

首先,我们全家都认为他很酷。我老爸个子很高,高高的鼻梁,一双大眼睛,常穿一身"黑":黑皮鞋、黑夹克、黑裤子,再配上一副黑墨镜和一双黑手套。哇,看上去那叫一个"酷"啊!更好笑的是,我妈还时常说:"黑哥,有事儿您吩咐!"哈哈哈……

我老爸的脸呀,说变就变。平时对我特别好,我要什么他几乎都不会拒绝,有时候我感觉我都被老爸捧上天了。可是,每当考试成绩单拿到他手里时,他都会露出不太满意的面孔:"才考90分呀,你们班最高分是多少啊?"还有,"你能保证一直进步吗?满分100分,你咋考这么少啊？丢不丢人呢？你再看看咱们对门的那女孩儿，每次考试都是差一两分就满分了。""知道了！"我扭头准备走时，老爸又接上一句："告诉你，考试要仔细，要认真，你怎么就是没记性呢……"

我经过长时间的努力，终于获得了一个大满贯，我以为老爸会给我一番夸奖，然而他却说："考满分很了不起吗？下次你再考一个满分让我看看。""你看看你，不就考个满分吗？骄傲什么呢？没听说过'虚心使人进步，骄傲使人落后'的道理吗？"

不过，老爸人特别好，我们小区里的人经常夸他。今年我们小区组织献爱心捐款活动，别人都围在那里看，可谁都没有捐。我和老爸走过去毫不犹豫地捐了一百元钱。在我老爸的带头之下，小区里的其他人也都纷纷加入了献爱心的行列。

看了这篇《我的老爸》，你对我老爸印象如何呢？

操场上的那一抹红

周　馨

今天，我们学校召开了运动会，操场上煞是热闹，恰巧我班值日负责校园卫生。

下午，操场上的垃圾更多。瞧，矿泉水瓶遍地都是，跑道上、草坪上，还有无数的面包、方便面的包装袋，颜色各异，看了觉得刺眼。我拿上收纳袋，开始捡垃圾。垃圾又脏又臭，在别人异样的眼光下，我感觉很不自在。我很无奈，只好低着头有气无力地捡着。

"你真辛苦，反正我也没事做，帮帮你吧！"正当我弯腰拾垃圾的时候，一个友善的声音传来。我一抬头，发现一名年龄与我相仿的女孩儿站在我面前。她红扑扑的脸蛋上有一双水灵灵的大眼睛，长长的眼睫毛，鼻梁高挺。最好看的是她那两排牙齿，洁白整齐，就像两排银白色的珍珠，闪闪发光。她身着红色羽绒服，很显眼。我不好意思地说："不用啦！你还是观看比赛吧！"她摇摇头说："没关系。"她边说边笑，脸上顿时出现两个小酒窝，很美丽。

我们便结伴捡拾垃圾，我总是避开人群多的地方，她却一点儿也不在乎别人的目光，专往人多的地方钻。在她的帮助下，收纳袋很快就满了，在去倒垃圾的途中，我好奇地问她："你为什么敢去人多的地方呢？"她不假思索地回答："捡垃圾又不是什么丢脸的事情，我们是在美化环境呀！"说着，她侧过脸来对我笑。这时，我发现她那双眼睛里迸发出一簇簇火苗，宛如苍穹里摇曳闪烁的星星，星星上，那修长的睫毛一眨一眨的，让我有了一种恍然大悟的感觉。做好事就应该大胆地去做，想通了这一点，我原本沉重的步伐忽然变得轻快了。

从垃圾池出来，我感觉身后有一双眼睛，就像两只蝴蝶，一飘一飘地追逐着我，给我无穷的力量。我们又继续拾起垃圾来，此时的我在她的感染下，已无所畏惧，拿着垃圾袋，坚定地走着。

不知何时，在我和她的带动下，越来越多的同学加入了我们的行列。"红头箍"笑着拾垃圾，"红衬衫"自觉把手中的垃圾扔入垃圾袋，"红风衣"拎着垃圾袋去倒掉……此时，一千五百米长跑比赛正在进行，另一场"长跑"同时也在进行，眼前一片红色的海洋，蓝天、红衣、绿草交相辉映，我的眼眶渐渐湿润了。

夕阳西下,晚霞辉映下的操场很美,美得令人心颤。那美,似乎不在于晚霞颜色的鲜丽,而在于晚霞勤劳地工作,将充满正能量的红色火焰无私地泼洒在美丽的校园上。

只要每个人都把保护环境作为自己的责任,我们的校园就能变得更加美丽。我相信,操场上的那一抹红,将遍及整个校园!

一场特殊的文艺晚会

侯世康

上个星期五晚上,妈妈带我去兰溪剧院观看了一场特殊的文艺晚会——全部由残疾人表演的文艺晚会。

"各位观众,非常感谢大家来观看'绽放生命,共享阳光'文艺演出。"女主持人是一位独臂姑娘,身材高挑,落落大方。她甜脆悦耳的报幕声刚刚落下,身边轮椅上的男主持人便接着说:"希望我们的演出能让大家度过一个快乐的夜晚。"男主持人双腿不能行走,但说话声音宽厚洪亮,铿锵有力。

晚会在舞蹈节目《幸福花开》中拉开了序幕。这个节目的表演者是一群聋哑人。他们虽然不能说话,却舞出了优美的造型,舞出了多彩的人生,在自如的动作中,在无声的语言中,述说着他们对美好生活的追求;接着是男声独唱,演唱者是一位拄着双拐的小伙子,他唱的是《滚滚长江东逝水》，歌声激昂高亢，嗓音浑厚醇美；第三个节目是二胡独奏，曲目是《二泉映月》，演奏者是一位盲人，他用他那娴熟的指法、高超的技巧，把这忧伤而又意境深邃的乐曲旋律，演奏得时而深沉、时而激昂、时而悲壮、时而傲然……

二胡独奏结束后，更感人的一幕出现了。两位无手的残疾人叔叔走上台，一位用嘴咬着笔写出了"海纳百川"四个狂草体书法大字，每个字都龙飞凤舞，遒劲有力；另一位用脚握笔画出了一幅画——《春天》，只见画卷上鲜花竞开，蜂飞蝶舞，一派生机盎然的景象，好美呀！人头攒动的现场不断地掌声雷动。

晚会是在舞蹈《千手观音》中落下帷幕的。这场自始至终由残疾人演出的文艺晚会，无时无刻不给人一种震撼、一种鼓舞、一种力量，特别是对我们少年儿童来说，更有教育意义。我们一定要学习他们那种不怕困难、顽强拼搏的精神，好好读书，做一个奋发有为的好少年。

给羊盖新房

赵凯宇

入冬的那场大雪,把我家羊圈的棚子压塌了。三只羊看着我一直"咩咩"叫,好像在说:"小主人,我们住哪里呀?"我决定为它们盖一间新房子。

为羊盖房子,说起来容易做起来难,出些力气我倒不怕,可是盖房子的材料从哪里来呀?我环视四周,把目光投向了院子的东南角,我心中一喜,正好车棚也被大雪压塌了,把车棚上的砖瓦、木料拆下来,不正好可以为羊盖房子吗?

说干就干。我先把棚上的红瓦、椽子、檩条掀下来,把烂损的扔掉,完好的留着,然后拆墙体,收集砖头。雪后的砖墙冰凉冻手,我戴上手套,用瓦刀一块一块地往下撬砖头,再把上面的残雪冻土刮干净。"叮当叮当"干了一上午,我终于把车棚拆完了。

吃过午饭,在爸爸的帮助下,我们开始正式为羊盖新房。爸爸放线、砌砖,我搬砖、和泥。放线就是用一根足够长的线,两头缠上砖头,拉紧绷直,作为垒墙的"标准线",每垒一层,都要升一格。砌墙,不但要有力气,还要有技术。爸爸一手拿着瓦刀,一手拿着砖头,用瓦刀挖上一刀泥,在垒好的砖上摊匀、抹平,把砖头摁上去,"当当"敲两下,砖头便稳稳地粘在墙上。我在旁边给爸爸打小工,掘土、拎水、和泥、搬砖头。爸爸一会儿喊:"砖!"一会儿敲着泥盆说:"泥!"我送去了泥,又搬砖,搬了砖,又要和泥,真是忙得不亦乐乎。抬头休息时,我看墙的高度已经差不多了。接下来要盖房顶了,妈妈也前来帮忙。我们先在墙上架好梁,然后在梁上架檩条,再用铁丝固定放在檩条上的椽子,在椽子上面铺一层厚厚的柴草,在柴草上抹一层泥巴,然后把大红瓦粘在上面盖好房顶,羊的新房就竣工啦!

晚上,我把三只羊牵进新房子里,它们看着我"咩咩"叫,好像在说:"小主人,谢谢你。"我心里别提多高兴啦!

轻轻地，我走了

陈乔琏

"长亭外，古道边，芳草碧连天……天之涯，海之角，知交半零落……"这首骊歌，我在唱给你听。再见了，亲爱的知音！

——题记

与你相遇在那个美丽的盛夏，相知在那个圣洁的寒冬，相顾在那个旖旎的春天，相伴在那个诗意的秋天。我们走过的季节，看过的风景，做过的努力都是回忆录中最靓丽的一笔。今天，我不禁回忆起有你陪伴的日子。

印象中，你活泼得像花丛中的蝴蝶，而我，则文静如角落里的花朵，是你带动了我。本来所有人都认为我们是一对相反数，不可能产生友谊，没想到我们让那些人"失望"了。因为你和我都喜欢现代元素，所以我们志同道合。你若是那高山流水的知音,我便是那管弦少年,我奏心声你来听。

记得我们之间有过一次隔阂,那次隔阂像场突如其来的雷阵雨,来得快,去得也快。那晚,老师找你谈了话,你进来时眼眶红红的,我不禁担心起来。下课,我问你怎么了,你没说话,只是往外走。我默默地跟在你后面,你的影子格外落寞,也给我的心中增添了一丝忧伤。我心想,到底是什么事把那个睿智、幽默的你给困住了呢?我们两个静默着走了很久,月光冷冷地洒在我们身上,星星很微弱地散发自身的光芒。"到底怎么了?你是不是……"我鼓足勇气问你。"不是,你不要乱猜了!"你生气地说道。"不管什么事,总会有解决的方法的,不要哭了,还有我呢!"我关心地说道。旁边的大树或许被你的反应吓到了,周围一片寂静。"丁零零",一阵刺耳的上课铃声打破了周围的沉默,我们赶忙回到教室。你的眼泪像断了线的珍珠,不停地往下坠。你的眼泪像雨点,打湿了我的心,我也忍不住放声哭起来。下课后,我们似乎都在哭,却又不让彼此知道。

第二天,我没有如往常一般去找你,因为我害怕再次令你难过,遇见了你也只是慌张地躲开。正好这天考试,同学们都在谈论题目。我看见你也在谈论,忍不住问你:"考得怎么样?""还行。"你温柔地回答道。不久,上课铃又响了,我们停止了讨论。终于考完了,下课后，我拉着你的手来到走廊上晒太阳，说："你要好好考哦！""你也一样啊！"我们爽朗的笑声冲散了所有的不快，我们的心贴得更近了。

我和你的友谊在相遇那天播种，随后的日子里它恣意生长，这回遇上了分别的风雨，但它已经坚不可摧了。时光荏苒，岁月如梭，你还是你，还是那个温暖的陪伴者。即使不能像以前一样陪在你身边了，但我无时无刻不在陪伴着你的心。

生日 Party

范烨灿

生日前夕,我向妈妈宣布:"妈妈,我十二岁了,是'大人'了,今年的生日我要为自己开Party,请我最好的几个朋友来玩。"妈妈同意了。

生日那天是星期六,妈妈一早就把三楼的小客厅收拾了一番:一张略显旧的八仙桌靠西墙根摆放着,桌上铺着粉红的碎花桌布,放着我一直想用妈妈却舍不得拿出来的紫砂自动出水壶,还有一套茶具——绿色的底纹上印有白色的小花,显得特别雅致——这是妈妈今年送给我的生日礼物。我问妈妈为什么把我的生日Party设在三楼,妈妈说三楼地方大,而且很少有人上来,不会打扰我们玩。她一边说一边把各种零食、水果和饮料放置好。望着温馨整洁的小客厅,我高兴得扑到妈妈怀里,亲了她一口。

一会儿,我的朋友来齐了,生日Party开始。大家尽兴地大吃一通后,孙宸看着精美的茶具自作主张地宣布:"下面我们将进行品茶大赛,看谁品茶姿态最有特色。首先请我们的小寿星闪亮登场!"我缓缓坐下,用食指和拇指捏住杯把,其他三指呈孔雀翎状,另一只手放在大腿上,优雅地呷了一小口。孙宸说:"请评委打分。"方平一脸坏笑地说:"小寿星学得还蛮不错,就是手上没有拿手帕,所以只能给9.5分。"小红说:"璨璨,我给你打9.9999分。"

接着其他三人都根据自己对茶文化的理解品起了茶,最滑稽的是方平,她说:"我是疯丫头卢娜(《哈利·波特》中的人物,方平一直都是'哈迷'),我学不来淑女的样子,就学学老牛饮水吧。"说着便仰起脖子"咕咚"一口喝完了茶,还"哞哞"地叫了几声,逗得我们哈哈大笑,我笑得岔了气,孙宸笑倒在桌子上,小红一边喘气一边揉肚子。最终我得了"最佳优姿奖",方平得了"最滑稽奖"。

孙宸又宣布:"现在进行第二项活动,才艺表演。"我随手拿起星形的茶具架,唱起中英文结合版的《小星星》:"One闪one闪亮晶晶,满天都是little star。"大家兴奋地加入,中英夹杂的唱词让我们自得其乐。孙宸竖起大拇指说:"这节目真新颖!"我连续受到夸奖,心里美滋滋的。在这么多表演中,我最喜欢小红自编的"诗"——《赠叶璨》:"叶璨生日最快乐,大家一起来祝贺。茶香歌甜笑声美,情深谊长百年和。"这小才女刚吟诵完,客厅里就响起了《生日快乐》歌,歌声如茶,那样香,那样浓,款款流入我心灵深处。

忽然之间,我似有所悟,亲情和友谊筑成了我的快乐。

大红薯，小红薯

唐子蝶

每天，爸爸总是沐浴在清晨中给一家人做早餐。这时候，连太阳公公也赖床不起，过了许久，才懒洋洋地伸个懒腰，慢腾腾地爬上天际。当灿烂的阳光照进卧室的时候，我才慌慌张张地爬起床；当红薯的香味打着旋儿飘进我的鼻中时，我才知道，爸爸今天给我煮了红薯，已经盛在了碗里。

我坐在板凳上，嘴里含着热乎乎、甜丝丝的大红薯。红薯经过我的舌头、喉咙，像一条淙淙的溪流，流进我的肚子里，滋润、温暖着我的身体。在品尝完我碗里的红薯大餐后，我又用贪婪的目光瞟了一眼爸爸碗里的红薯。顿时，一阵锥心的羞愧与自责涌上我心头。爸爸碗里的红薯又小又干瘪，有的还有黑点子（快坏了的红薯刚开始会出现黑色的斑点）。看着爸爸吞下一个个快要坏了的小红薯，我暗暗地做了一个决定。

第二天，我起得很早，抢在爸爸之前把红薯盛到我自己的碗里，个个都是我精挑细选的迷你型小红薯。我欢天喜地地将这碗迷你型小红薯端到桌子上，并且做了记号。

但这一切似乎没有逃过爸爸的眼睛。

当我洗漱完毕，坐回板凳上时，突然发现碗里的红薯竟然都被调了包！正当我慌乱、着急时，却无意中看到爸爸那善良的、充满爱的眼神里有一丝喜悦，再往爸爸的碗里一看，我恍然大悟，爸爸碗里的红薯都又小又瘦，而且表面上还留着我做的记号！

刹那间，我哽咽了，只感到一股汹涌的波涛，狂啸着，似乎要从我的眼眶里飞涌出来……

我想去当兵

高 原

"扛上冲锋枪,穿上绿军装,保家卫国去站岗……"这首歌是我在独山军区观看解放军叔叔训练时听到的。每次听到这首歌,我心中总会产生一种莫名的冲动:长大了,我也要去当兵。

其实,我从小就酷爱玩打仗游戏,家里有许多玩具枪。我三岁时接触枪战游戏,五岁时接触战争策略游戏,我在游戏中慢慢长大,当兵的梦想与时俱进,愈演愈烈。我总觉得,军人是十分英武和神圣的。

我也经常看一些战争影片,如《亮剑》《我是特种兵》《中国兄弟连》《雪豹》《与狼共舞》……每看到战争的场面,我总是热血沸腾,恨不得马上"穿越",加入到抗敌的战斗中。

我家里放着一堆玩具枪。干什么?还用问,打枪战呗！我和爸爸一组，妈妈和姐姐一组，我们常常玩得忘记了吃饭和睡觉。有时候，我也和院子里的小朋友玩枪战，把院子里搞得鸡飞狗跳，别提有多热闹了。

妈妈给我买的衣服几乎全是迷彩服，我觉得，穿上军人的服装更有精神、更神气、更自豪！妈妈说，一定要找机会让我去少年军校体验体验军人的生活，也好为我的梦想打基础，我真是太高兴了。

上个星期天，我的一位军官哥哥来我家玩，我和他合了一张影，挂在我的小书房里，看到它，我总感到无上的光荣。

"扛上冲锋枪，穿上绿军装，保家卫国去站岗！"这句话一直激励着我前进。我相信，只要好好学习，努力锻炼，总有一天，我一定会实现我的理想——穿着军装，守卫祖国的边疆！

今天的"音乐课"

郑婧婧

今天下午第二节下课后,一看课程表,下节是我最喜欢的音乐课,音乐课自开学以来,就由于种种原因,没怎么上,因此,我非常兴奋。

可没一会儿,班主任来了,说要到操场上劳动。"唉,真扫兴。"我心里暗暗地想,最终,我们还是去了操场。

我们排着长长的队伍来到了操场上,老师把我们带到了我们的"领域",说:"你们要注意几点,第一,就是注意安全!安全第一,有些同学……"给我们打完"预防针"后,又接着说:"这就是我们的劳动区域,要把这些砖搬到那里去,"老师指了指北面,说,"光搬整块的。"于是,我们就开工啦。大家都蹲下来,把地上的砖先用手掰开,可能是因为时间久了吧,有的砖一掰就破。

我们把那些完好的砖开始"运输"。第一次我搬了三块砖头，两只手垂吊着捧着，运到终点是有点儿累，于是，我吸取了上次的教训，只搬了两块，这次比上次轻快了很多，我看到有的比我强壮的都拿四五块，可我了解自己，要量力而行嘛！嘿嘿，就这样，持续了大约一节课的时间……

砖很快被我们运送完毕了，于是我们高高兴兴地回了教室。

虽然今天的音乐课没有上，可这节课上得更充实，更有意义，这让我体会到了爸爸妈妈干活的辛苦，这可能只是爸爸妈妈干的一小部分吧……

我想握住你的手

张 涛

"慈母手中线,游子身上衣。临行密密缝,意恐迟迟归。谁言寸草心,报得三春晖。"孟郊的《游子吟》写出了万千海外游子,远离他乡的求学之人对母亲深切的思念和牵挂。

是什么,让游子产生如此的思念和牵挂;是什么,让慈母连夜赶衣;是什么,让游子和慈母之间深深地挂念彼此……是亲情,是天地之间最珍贵的、血浓于水的亲情,是它,架起了母子之间无形的、只可意会不可言传的桥梁。

从呱呱坠地到蹒跚学步,我的世界总有你牵着我的手,带领我走向知识的殿堂,带我走向五彩斑斓的世界。因为有你,我的世界并不孤单,你——我的母亲。

"我们吃的盐比你吃的米还多。"这是妈妈常对我说的话,而我总是不以为意。父母的爱,常常被年少轻狂的我们忽略,岁月无声溜走,却在父母的脸庞和两鬓留下了痕迹。从小时候过马路时妈妈温暖地牵手，到上学淋雨生病时妈妈温柔地抚摸，我印象最深的，就是这双无所不能、可以安抚我心灵的双手。直到又一次周末放假回家，我猛然发现妈妈原本浓黑的头发，也出现了银丝。这时候，我才意识到，母亲老了，她不再年轻，同时，我知道，我长大了，因为我的内心开始体贴、关怀父母，懂得理解、感恩父母。我想牵着母亲的手，在她年老时，有我当她的扶手；我想牵着她的手，陪母亲到天涯海角……

母亲，是世界上最芳香、最伟大、最温暖、最美好、最强大、最光明的词。母亲是"爱"的代言人，而我是她的忠实粉丝，支持她，尊敬她。

世界上，爱的力量往往能铸造人间奇迹。记得曾经读过的一份报道，说母亲接住了不慎从高楼坠下的孩子……孩子从高楼落下来的重力，不是一般人能承受的。后来，让短跑和举重运动员也做了这个实验，但完全不是这个效果。由此可见，母爱的力量是多么的伟大，多么的令人震撼！

母亲是疲惫时的一杯龙井，当你软弱无力时，让你精神倍增；母亲是黑夜里的明星，当你误入迷途时，帮你指引方向。我们的生命历程中，融入了母亲生命的每一朵浪花，每一句叮咛，每一次牵挂……

留一点儿责任给自己

左晓凡

成长路上,有彩虹,也有风雨。成功时,留一点儿清醒给自己,你会发现,更多的理想需要追求;失败时,留一点儿梦想给自己,你会发现,前方的道路何其宽广;幸福时,留一点儿责任给自己,你会发现,帮助别人多么快乐;忧伤时,留一点儿微笑给自己,你会发现,平凡的生活充满阳光。

幸福时,留一点儿责任给自己,你会发现帮助别人多么快乐……这句话一点儿也没错,很值得我们去学习。当你开心高兴、处于幸福之中时,却有些人还处在痛苦悲伤之中,所以,我们不仅要自己幸福,而且也要尽力让处在痛苦之中的人们脱离痛苦,走向幸福。这样,留一点儿责任给自己,会使我们共同受益。

记得有一天,我和妈妈要乘公交车去城里买东西,于是,我们便在路边等车。不一会儿,对面一辆公交车缓缓驶来。车停下后,我和妈妈选了两个空座便坐了下来。行驶了一段路程后,我发现公交车上站着的人都在朝一个方向看,于是,我也就好奇地跟着望去,我发现一个男人正在用刀片割开老爷爷的手提包,然后手伸进去拿出了一个钱包。我想开口说捉小偷,可是这么多人正在看着呢,不也没有人喊吗?我喊了有用吗?可我又一想,万一这个老爷爷拿这些钱有大用呢?于是我喊了一声,他们才反应过来,小偷听到我的喊声后,准备跳车逃跑。可是不管用,因为小偷被车上的几个年轻人按倒在地,老爷爷知道自己被小偷偷了钱,知道是我喊的后,就说:"多谢你呀,要不是你的话,这些钱就没有了,我也不知道该怎么办好了。"我说:"老爷爷,不用谢,应该的,这是我的责任。而且帮助别人就是快乐自己。"不一会儿,车到站了。

　　经过这件事以后,妈妈对我刮目相看。我也明白了责任是一种快乐,它不仅可以使我们快乐,也可以让我们懂得更多。所以,就让我们留一点儿责任给自己,让我们更幸福快乐地做一个有责任心的人。

无限风光在归途

滑板碰碰赛

胡存勋

一个周末的下午,我躺在沙发上无聊地扫视着四周。突然,我看到了靠在墙角的滑板,不禁兴致大发,何不带着它约上伙伴去玩?

于是,我打电话约王琦涵去老年大学的操场上玩滑板。我先到了约定地点,王琦涵也随后赶到。我们各自滑了会儿滑板,接着便商量来一场滑板碰碰赛,三局两胜定输赢。

第一局比赛开始了,我飞快地蹬着滑板绕着操场滑行。王琦涵紧追不舍,我加快了速度,但是仍甩脱不了。我只好跟他来个硬碰硬,铆足劲儿,等着王琦涵撞上来。果然,只听啪的一声响,王琦涵被顶翻在地。但是,我也被撞得几乎把持不住,滑板开始剧烈地摇晃,但还是被我稳住了,没有跌下滑板。

第二局比赛，我有点儿扬扬得意，主动展开进攻。结果可想而知，我同样被王琦涵撞了个人仰马翻。

最为关键的第三局比赛开始。我通过前两轮的经验，分析了一下场上的形势：我善于防守和持续滑行，应该和对手玩追逐，以消耗他的体力。于是，我蹬着滑板，灵巧地在操场上转圈滑行。而王琦涵几次想迎头撞我，都被我机智地避开了。王琦涵显然有些急躁了，"呼啦啦"一路追赶上来。机会来了，我在操场的拐角处，猛地一停，给王琦涵来了一招"神龙摆尾"。"嘭"的一声，王琦涵的"小毛驴"飞进了操场外的草地里。

这次滑板碰碰赛以我的胜利告终，王琦涵是输得心服口服，对我直竖大拇指。要知道，他可是班上的滑板冠军，能打败他实为不易。当然了，"友谊第一，比赛第二"，约个伙伴玩耍，开心快乐、友谊长存才是最重要的。

无限风光在归途

朱小菊

又是一个周末到,回家的心情就是好。哈哈!

走在乡间的小路上,阳光挑逗着我的眼睛,向我发出春天的邀请。她将无限的热情倾洒下来,还同影子玩起了捉迷藏。影子可是玩捉迷藏的老手,忽长忽短,时左时右,嘻,看你怎么捉到我?

不一会儿,风儿也来献殷勤。他温柔地抚了抚我的发梢,就钻进我的脖子里挠痒痒。我实在招架不住,连忙扣好风衣扣。

一颗老桃树轻轻拍拍我的肩,用他苍劲的骨干和枝头的繁花向我诉说着过往的悲喜。绿叶听了,也为之动情,不禁嘘唏起来,发出簌簌声响。

路边几朵无名的野花在微风中舞蹈,我走近她们羞涩地问一声好,她们也轻轻点头宛若回应;天空中传来几声清脆的鸟鸣，与地上的杂花相映成趣，一同组成了早春轻快的序曲。

不知是树叶忧郁的叹息还是鸟儿兴奋的歌声，惊动了草垛上休息的猫老大。它立刻睁开莹莹的绿瞳，拱起臃肿的身子，张开粉色的肉垫，不耐烦地咕哝几声，满脸怒气地向我们示威。直到我以"喵喵"几声猫语赔礼道歉后，它才重新蜷起身子，缩着脑袋，继续做它鱼虾乱舞的香梦。

身后传来一阵银铃般的欢笑，在这明净的春光里仿佛比水还要透明。回头一看，这些晚学归来的欢快小精灵又不知消失于何处了。

妇女们三五成群地聚在一块儿，拉拉家常，打打毛衣；男人们或是打牌或是下棋，不时传来阵阵喝彩。各家的狗也暂时放下了保家护院的重任，在空旷的田野里打打闹闹。等散场的主人一顿批评教育后，才垂下耳朵悻悻地回家。

家家炊烟袅袅，户户窗内飘香：东家在做红烧肉，西家在做清蒸鱼，隔河的一家还在包春卷……一到周末，儿孙归来，老人们最是忙得不亦乐乎！

走着，走着，小道的尽头，一幢熟悉的房屋映入眼帘，屋顶沐浴在温暖的阳光中，小院静卧在悠闲的白云下。我微微一笑，加快了脚步，向那里奔去……

我喜爱乡村生活

郭越博

放假了,我和爸爸妈妈趁着全家人都能休息的美好时间,来到妈妈的老家——内黄。在那里,我看到了独特、迷人的风景,感受到了在城市里从未有过的放松。

我们乘车来到姥姥家所在村庄的村口。下车后,放眼望去,只见小村周围都是庄稼,绿油油的麦苗生机勃勃。我们向村子里走去,一阵凉爽的春风迎面吹来,小麦频频点头,好像在欢迎我们的到来。那一天,正好赶上村子里有集市,道路两旁早已摆满了摊位,卖衣服的、卖家具的、卖玩具的、卖农具的……真是琳琅满目,一应俱全。这么多卖东西的摊位,当然少不了前来购买的顾客啦!有的人在和卖衣服的讨价还价,有的人在给小孩儿买玩具,有的人在买农具……当然,我们也没闲着。在姥姥家稍微休息了一会儿后,我们也加入了赶集的队伍,开始疯狂购物。不知不觉，我们在人山人海中逛了一上午。

午饭时间到了，家家都开始忙活起来。主人们献上自己的拿手好菜，盛情款待亲朋好友。午饭后，吃饱喝足的孩子们丝毫没有睡意，我和哥哥在村中的空地上玩游戏，跑到村子东边爬土山，到河里捉鱼虾。我最喜欢的就是爬土山了。土山上的土又松又软，踩上去，感觉比地毯还要舒服。我们和其他小伙伴一起在土山上做游戏、翻跟头、摔跤，一个个玩得满头大汗、灰头土脸的。太阳落山了，玩耍了一天的孩子们个个筋疲力尽，纷纷回家吃晚饭了。

晚饭后，老人们拿着板凳，到村西头看大戏。台上的人卖力地唱着，他们的声音响彻整个村子，台下看戏的老人一个个笑得合不拢嘴。入夜，戏散了，村子里渐渐恢复了宁静，人们慢慢进入了梦乡。

泪水的味道

汗浩川

糟糕！摸遍了全身，也没找到公交卡，把当时还是一年级小学生的我急坏了！

"吱呀"一声，公交车已经靠站了。

怎么办呢？这时，我看见旁边有一颗小石子儿。蓦地，"聪明"的大脑灵光一闪，想出了一个馊主意。如果用小石子儿充当一元硬币投进票箱，能不能蒙混过关呢？我随手捡起它上了车。

哐……当……

"小朋友……"

我一下子怔住了："怎、怎么了？"说起话来竟有些口吃。

"你往里面投的什么？"虽然司机叔叔还在驾轻就熟地开车，但我依然感觉到空气中弥漫着紧张的气氛……

"钱……钱啊！"我的脸上似有干柴在燃烧。

"钱？我怎么看见你投的是小石子儿？"

我把头压得更低了，虽然看不见，但我能感觉到其他乘客火辣辣的目光。

我手足无措地站着，乘客们在窃窃私语。

"呵呵！这小孩儿挺逗！"一个大人说，"他投了一个小石子儿进去想混上车。"

……

车厢里的窃窃私语，声声刺耳，我恨不得找个地缝儿钻进去。

"你要不说实话我就不让你下车……"司机叔叔略带嗔怒地说道。

我害怕了，只得说道："我今天上学时忘带公交卡，又联系不上父母，本想蒙混过关……"

司机叔叔转怒为喜，微笑着说道："没带卡你跟我说呀，我会让你上车的。"他说着，从口袋里掏出了一块钱塞进了票箱。

在那一瞬间，我的眼泪像断了线的珠子，扑簌簌地往下掉。这眼泪不知是愧疚、是感激、是羞怯，还是没有被司机叔叔赶下车，可以回家的激动……

这件事过去整整四年了，每每回想起那幅画面，我心中总是充满深深的感动与敬意，回味着那泪水的味道！

我为美丽而烦恼

顾晓纳

每个人都有自己的烦恼,我最大的烦恼莫过于残缺不齐的牙齿和那副架在鼻梁上的眼镜。每当我站在镜子前时,就会变得郁郁寡欢。

认识我的人都知道,我缺了一颗门牙。说起那颗"英年早逝"的门牙,还有一段故事呢!记得那天,奶奶做了我最爱吃的油炸鸡腿。在啃鸡腿时,因为用力过猛,只听"嘎嘣"一声,我疼得龇牙咧嘴、哇哇乱叫。对镜一看,从牙龈上不断往外涌出的血沾在嘴唇上。就这样,我的一颗门牙提前"下岗"了。

如今,我的牙龈上少了一颗牙齿,而边上的几颗恒牙也迟迟没有动静,至今没有冒出来的迹象。数一下,我总共缺了四颗牙。在镜子前,我就像一位牙齿都掉光了的老太太。唉,我日思夜想,就盼着我的新牙能早点儿"破土而出"。

除了残缺不齐的牙齿，重重的眼镜也是我很大的烦恼。

听妈妈说，上幼儿园小班时我就戴上了眼镜。虽说眼镜是我形影不离的伙伴，可我却总是盼望能早日甩掉它。而且，我左眼得的是远视，医生说，等到十二岁时，我的眼睛就发育完成，想矫正都矫正不了了。听他这么一说，我觉得自己就像童话里被诅咒了的公主。为了让我得到最好的治疗，妈妈凌晨四点就起床带我到上海去找专家，买眼镜时，她也尽量给我选最轻最薄的。可即使这样，我还是觉得眼镜压在鼻梁上好重呀，而且——还很难看！

以上就是我的烦恼。我打心眼儿里盼望着能够长出新牙、脱下眼镜，重拾美丽！

我的理想

叶娟娟

每个人都有自己的理想,我也不例外。小时候,在我那小小的百宝箱中,也装着我五彩缤纷的理想。

在我五岁的时候,常常跟着奶奶去市场买东西,去市场要经过一家糖果店,店里有各种各样包装精美、口味独特的糖果,馋得我直流口水,我总要缠着奶奶多买一些。那时候,我就幻想着当糖果店的老板多好啊,可以整天泡在糖果堆里,爱吃啥就吃啥。不过,这个幻想很快就破灭了,我的牙禁不起"糖衣炮弹"的侵蚀,长了蛀牙,疼得我再也不敢去糖果店了。

上小学后,我又有新的想法,当一名无所不能的巫师。那会儿都在流行看《哈利·波特》,我跟着这股热潮,一口气看完了原著及电影,成了名副其实的"小哈迷"。我时常拿着扫帚在家里"飞来飞去",吵得妈妈整天不得安宁。她把我狠狠地骂一顿，我吓得不敢再胡闹了。

读三年级时，我从电视里认识了羽毛球明星林丹，林丹那轻巧灵便的身姿，那一扬一扣的优雅动作，看得我惊叹不已。我深深迷上了羽毛球，想象着未来自己也可以当一名羽毛球运动员，可以参加奥运会。于是，一有空，我就央求妈妈陪我打羽毛球。没想到，好几次我竟把球拍线都打断了，姐姐经常大声取笑我："你那么矮，还打羽毛球，还想当冠军，真是好笑。"没多久，我自暴自弃，又把这个美梦抛到九霄云外去了。

我现在的理想是当一名受同学们欢迎的老师。从小到大，我接触过好多老师，有年龄较大的，也有年轻的，她们教我如何做人，传授给我许多知识。在我眼中，老师是多才多艺的，是神圣的。虽然我知道，要当一名出色的老师，就得比别人更努力、刻苦，只有拥有渊博的知识，以后才能让我的学生们信服、爱戴。我一定要努力，一定要加油！

有理想陪伴的日子，生活过得特别充实、快乐！也许今后我的理想还会改变，但我深深知道，把握好每一个今天才是最重要的。每天，我都会对自己说："加油，为了自己的理想！"

大店没有小店好

孙 燕

我家附近有一家大商店,不远处又有一家小商店,大商店里的东西琳琅满目,小商店里的东西不像大商店那么种类繁多。所以,大商店里有很多人光顾,而小商店的顾客却不多。但是,我却对小商店情有独钟,因为我喜欢这小店的阿姨。

去年母亲节,我想给妈妈买一件礼物,给她一个惊喜,于是,我拿上了自己的零花钱走进了大商店。到了柜台前,我一眼就相中了一根精致的棒棒糖,嗯,就买它了。可是,当我向售货员阿姨说我要买它时,阿姨竟然理都不理,喊了好久,她才瞟了我一眼,不耐烦地说:"没看我正忙着呢,先等着吧!"说完,又忙她的去了。我又等了好久,阿姨却只顾着向别的顾客推销商品,根本不搭理我。我无可奈何,只好去了不远处的小店。小店虽小,里面却很整洁、干净,货物摆放得井井有条,布置得很讲究。一位阿姨正忙着统计商品,她留着一头卷发,两眼炯炯有神,嘴角挂着淡淡的微笑,上身着一件浅黄色的外套,显得朴素大方,见我进来,便和蔼地问:"小朋友,你想买什么呀?""嗯……我想给我妈妈买一支棒棒糖,因为今天是母亲节。"我说。她一边拿糖一边说:"哇,你太孝顺了,小小年纪就知道给妈妈买礼物了,你妈妈一定很高兴的。"说完递给我好几颗棒棒糖:"你挑挑,有好几种不同的口味呢。"我开心地挑了妈妈最喜欢的橙子口味。付过钱后,阿姨把找的零钱塞到我手里,说:"小朋友,要拿好你的钱啊。"我谢过阿姨,走出小店,心里很温暖。在我心里,小店比大店还好。

听，那沉默的声音

陈　露

听，那沉默的声音……

听那"急湍胜箭，猛浪若奔"。蓬勃的朝气，向上的活力，带我们的心灵一起跳动。

听那"海内存知己，天涯若比邻"。感受那高远的志趣和旷达的胸怀，抚平我们心中伤别的涟漪。

听那"日出江花红胜火，春来江水绿如蓝"。那份美好，那份祥和，赋予了我们冷静的思想。

听，大海的雄伟，那是由一滴滴水珠凝聚而成的。它可以像雄师般咆哮，惊天动地；也可以像丝绸般柔顺，心旷神怡。奔腾，那是流水的张扬之音，像狮虎般奔跑怒吼，带给人以激情澎湃；流淌，那是流水的寂静之声，像黄鹂般轻声歌唱，停止了我们的年少轻狂。

听，流水。感受这生命之源，从我们呱呱落地那一刻起，便与我们结下了不解之缘，它激励我们去拼搏。它在我们孤独时，给予我们温暖，让我们一辈子去珍藏。它让我们在坎坷中坚持，直到我们成功的时候，那将是一段流光溢彩的岁月，那将是一个熠熠生辉的时代。它安静流过的样子，赋予我们坚强、乐观、执着的品质。

亲近一泓清泉，听它静静地诉说。

走进一条小溪，听它愉悦地歌唱。

跃进一片海洋，听它坚强地嘶吼。

听，那沉默的声音……

用心去倾听吧！自己轻微的呼吸声，甚至含苞待放的花骨朵儿的簌簌声，只要你愿意，什么都能听得到。

人世间有多少隐藏在平凡声音中的美！只有用心，才能感觉到。屏息凝神，敞开自己的心扉去倾听吧！我们在为年少的美好而努力，我们在为年少的美好而呐喊！

情在不言中

王子鉴

在我的印象中，爷爷满头白发，腿脚不方便，也不善言辞。因为我上学时间紧张，除了节假日我很少去爷爷家。每次去爷爷家，爷爷总是在忙活，很少说话。因此我与爷爷之间不是那么亲密。

上个星期的一天，爸爸妈妈要去南阳，让我第二天中午到爷爷家吃饭。第二天一大早，天刚蒙蒙亮，一阵"丁零零，丁零零"的铃声打破了一室寂静。过了一会儿，我听到爸爸挂断电话，对妈妈说："他爷爷一大早打电话，就是为了问孩子喜欢吃什么，这才六点半，就考虑午饭了。"我不由得一惊，爷爷这么早就开始为我的午饭做计划了呀。

中午放学，一走进爷爷家，我就闻到了一股诱人的饭菜香。爷爷见我进来了，笑眯眯地望着我说："快吃吧，等会儿饭菜就凉了。"哇！好丰盛呀！又香又脆的炸大虾，又软又嫩的清蒸鲈鱼，又糯又鲜的萝卜炖五花肉，还有我的最爱——蒸面条。我正准备下筷，却发现不太对劲儿。"人呢？"我疑惑地问爷爷，"叔叔婶婶呢？奶奶呢？"爷爷听了依旧乐呵呵地看着我："你叔叔婶婶上班了，你奶奶回老家了。"我听后愣了一下，只有我们两个人，爷爷却做了满桌丰盛的饭菜。我眼前浮现出一幅幅画面：清早，爷爷拖着病腿蹒跚地去菜市场买鱼、挑虾、称肉；爷爷双手扶着楼梯，一步步艰难地上楼；爷爷一个人在厨房做饭，忙得满头大汗……这时，爷爷打断我的沉思："怎么不吃呀？快吃吧！"我忙拿起筷子，低头一看，我的碗里已经被爷爷夹来的鱼、虾、肉堆成了"小山"。

没过多久，我就吃得嘴儿油、肚儿圆了。爷爷却没怎么吃，一直笑呵呵地看着我，不停地往我碗里夹菜。我连忙对爷爷说："我吃饱了，不用给我夹了。"爷爷却说："多吃点儿，长得高！"他边说边继续给我夹菜。看着爷爷期待的目光，我坚持把菜吃完了，爷爷心满意足地笑了。

吃完饭，我要收碗，爷爷忙拦住我："不用了，我来收，你去玩会儿吧！"我坐在书桌前，心中久久不能平静。回想起以前，听说我要学习钟表读数，爷爷辛辛苦苦为我做好钟表学具送到家里来；知道我喜欢吃香菇，爷爷晒了很多香菇给我送来；为了给我治咳嗽，爷爷顶着烈日骑着自行车到附近农村丝瓜地里给我接丝瓜秧水。爷爷虽不善表达，但他的爱在不言中。

晚上回到家，我对爸爸妈妈说："咱们有空多去爷爷家看看他吧。"

妈妈，我错了

林 雪

在别人眼里，我很幸福，因为我有爱我的爸爸妈妈，有一个充满爱的"港湾"。实在令人羡慕呀！可是，我的"港湾"并非像在别人眼里所看到的那样一直都是美满、幸福、快乐的，也有"上嘴唇和下嘴唇打架令我悲伤的时候"。

事情还得从上周说起：

上周五晚上，正在躺着休息的妈妈对写作业的我说："雪雪，这周末去把头发剪掉吧。往后学习任务越来越重，就没有时间扎头发了。"我一想，是啊，于是便"嗯"了一声。谁知，到了周六天气有点儿凉，我便要去剪头。妈妈又对我说："过几天吧，今天有点凉，万一着凉了怎么办，等天气暖和一点儿再说吧。"我一听妈妈又说不剪了，顿时气不打一处来，对着妈妈吼道："当初是你让剪的,现在又不同意了,你想干什么呀?真是的!"说着我便阴沉着脸跑到了自己屋里,把门反锁了,不再和妈妈说话。

过了一会儿,弟弟跑过来隔着门问我:"姐姐,妈妈要去昌城,你去不去?"我生气地说了一句:"爱谁去谁去,我才不去呢!"妈妈便和弟弟去了,爸爸也去工作了没在家,现在只剩我一个人在家了。我当时就在想:世上哪有这样狠心的妈妈,还"世上只有妈妈好"呢,根本就一点儿也不好。甚至有时我自己都怀疑我到底是不是我妈妈亲生的?而在别人眼里,为什么我妈妈是那么的和蔼可亲?

我和妈妈怄气一直到现在,没跟妈妈说一句话。但是,在吵架的这些天里我每次早上起床依旧能吃到热腾腾的早饭。这些在我眼里却都成了浮云。现在我真正感到自己错了,妈妈是为了我好,而我却把妈妈的一片好心当成了驴肝肺。我真恨我当时没冷静下来想一想。

在这夜深人静的夜晚,我依旧在写作业,以前没和您吵架的时候您总是陪着我写完作业,因为我不和您说话,您也不再过来陪我了,我知道是我伤了您的心。我此时觉得特别孤单。

妈妈,在此我想借这个写作文的机会,衷心地对您说一声"对不起",我不应该顶撞您,更不应该和您怄气。妈妈,您再借我一万个胆我也不敢了。那是我一时没能控制住才顶撞了您，请您原谅。妈妈，我知道您会原谅我的，对吗？妈妈，谢谢您，谢谢您对我的养育之恩，谢谢您为我所做的一切。妈妈，您辛苦了！我要努力学习，努力让您不再受苦，把您对我的爱，翻倍给您。妈妈，我爱您！您是我的一生，您是我的全部，您是我今生今世最大的财富，是我未来路上的"保护伞"，是我未来的"引路人"，是我患难时的"避风港"。望着窗外闪闪发亮的星星，它们仿佛在对我说："好样的，知错就改，知恩图报，你是个好孩子。以后不要再鲁莽了，妈妈所做的一切一切都是为了你，无论在何时何地妈妈始终都是爱你的，不要怀疑妈妈对你的爱！"我惭愧地低下了头。

　　家，是每个人成长中不可缺少的重要组成部分；家，是温馨的港湾，是避风港，是充满亲情的地方。正是有了家人的关心，父母的百般呵护，才让家充满了爱。

这就是我

宦艳彤

镜子里是一个小女孩儿,不长不短的马尾辫儿,微微扬起的眉毛,一双稍小的眼睛,高高的鼻梁上架着一副眼镜。

她是个性格多变、古怪精灵的小女生。

路遇可怜的老乞丐,她会毫不犹豫地掏出零花钱:"给您,买个热包子吧。"遇到四肢健全的中年乞丐,她却毫不犹豫扭头就走:"自己可以用双手去生存,为什么想不劳而获?知不知耻啊!"

她不畏"强敌"!她的堂姐一进门,就满脸瞧不起人,趾高气扬的样子。她心里愤愤不平:哼,等会儿给你点儿苦头尝尝!她想了想,"讨好而真诚"地掏出奥利奥说:"姐,这是你的最爱,请慢用!"堂姐"哦"了一声,看都不看,拿过就吃。"什么破东西!怎么这么难吃？"随后，堂姐的抱怨充满了整个客厅。"不好吃？姐，那我给您捶捶背，以示歉意哦。"果然是自高自大，堂姐居然没用脑子想一下就又答应了。堂姐懒洋洋地趴在床上，她立即用力往堂姐身上一骑，得意扬扬地说："姐，你真馋，'牙膏奥利奥'也吃啊。妹妹我只是为了整你一番，整……一……番！"说完还抖抖身子，气得堂姐五官变形，疼得堂姐无奈告饶。

她最喜欢语文课，但就是不敢站起来回答问题。每次上课，她都在心里鼓励自己：站起来，加油！你能行！可每次就是腿脚发软，站不起来啊。

她很为自己的姓氏骄傲："大明正德年间，由皇帝赐姓于太保，太保满门姓宦，宦姓开始盛行。据清代《姓氏五书》载：宦姓当取义于任宦，不以阉为姓。今贵州遵义俱有此姓，江苏丹阳、江都亦多。又《姓苑》载：宦姓，望族出东阳。"

怎么样，厉害吧？她就是我。

承　诺

付雨阳

　　你注视着我，眼中流露出愧疚与不舍，但又似乎想到了什么，眼神随之坚定；

　　我注视着你，看你饮下那杯酒，心随之死去，当日的承诺，也如明日黄花，不复当初。

——题记

　　我是一把剑，出自天下第一铸剑师欧冶子之手，因在湛卢山上炼成，故名曰"湛卢"。

　　我屡次易主，总是躺在盒子中不见天日，直到遇见了他——岳飞。

　　那天，岳飞带着几位兄弟来到兵器铺买剑。良久，店主人打开盒子，将我捧了出来。当听见"这就是失传多年的上古名剑'湛卢'"时，我明白自己碰上了知音。店主人双手捧剑，把我庄重地递给岳飞，说："这剑被埋没多年，无人能识，今天才算遇到它真正的主人！请你收下它，别负了湛卢之名！"岳飞点点头，轻抚着我的纹路，以坚定的语气许下承诺："湛卢，只要我还活在这个世上，就定会让你绽放光彩！"

岳飞带着我平定王善叛乱，却因奸臣当道，没有得到重用，只好回到老家汤阴县整日练习武艺。北宋灭亡后，康王赵构逃回南方，即位为皇帝，召集四方兵马勤王。岳飞也在这时被举荐，得到了上面的赏识。十多年间，他同金军进行了数百次战斗，所向披靡，官至相位。他率领的岳家军号称"冻死不拆屋，饿死不掳掠"，金人之间也流传着"撼山易，撼岳家军难"的感慨。

可正是由于岳飞掌握了一定的兵权，以至于皇上和奸佞都想除掉他。果然，大胜金兀术之后，皇帝用十二道金牌招岳飞回京。京城是回了，他却不明不白地锒铛入狱。公元1141年，奸臣秦桧以"莫须有"的罪名给了岳飞一杯毒酒，命他自尽。他拿起酒杯，对我说："湛卢，对不起，没能兑现我们之间的承诺。"语尽，杯中酒，亦尽。看着他缓缓倒下，我的剑心亦碎。

我不懂，精忠报国的岳飞为何会落得这样的下场。

我只是一把剑，人世间的很多事情想不明白。我只是希望，在另一个世界里，我们能继续并肩作战，兑现我们之间的承诺！

枕头里的爱

张丽锦

"你这丫头,可真不是盏省油的灯!"奶奶时常一边抱怨着,一边宠溺地捏捏我的小鼻子。

我从小睡觉不老实,常常是睡前盖得整整齐齐,一觉醒来,被子、枕头都被我"驱逐出床"。我的鼻子自然就发生了"交通堵塞",感冒稍微严重点儿就不得不去医院看病、打点滴。为此奶奶没少着急,她苦思冥想终于想出了解决之道。每天晚上我上床睡觉前,奶奶都要严阵以待——在床边围上一排靠背椅当"哨兵",床的左右两边各堵上两个枕头,床头堆上两三个枕头。有了这"三重保险",我晚上睡觉终于不会着凉了。

每到秋天,我经常会流鼻血。有一次,奶奶带我去看医生,医生说我内火太旺,建议我多喝菊花茶去火。奶奶听了,立刻摇头:"菊花茶她也喝了不少,根本就不管用,还有别的办法吗?"医生笑着说:"那我只能建议您给她缝一个野菊花枕头试试看。"出了医院奶奶打发我先回家,说她还要出去转悠转悠,顺便买一些东西回家。

中午,我和爸爸妈妈的午饭都快吃完了,奶奶才气喘吁吁地回到了家。我一眼瞅见她的怀里还抱着一个鼓鼓的塑料袋,便好奇地问里面是什么。奶奶得意地说:"今天,我可找到了一块风水宝地!小河的对面有一块荒地,野菊花特别多。明天,我还得准备一个大袋子再去摘一些野菊花。"看着她那孩子般的得意劲儿,我的鼻子有些发酸。那么远的路,那么热的天,奶奶这么胖的身体……接下来的一个星期里,奶奶像一只蜜蜂一样,整天围着花儿打转转,摘呀,晒呀,收呀……菊花枕头做好了,蓬松松的,还散发着幽幽的菊花香。还别说,自从有了这个菊花枕头的陪伴,以后的秋天里我再也没有流过一次鼻血。

光阴似箭,秋去冬来,奶奶又托乡下的亲戚给我买了几斤上好的棉花,重新缝制了好几个大枕头;春去夏来,奶奶又满大街地给我挑选轻薄、透气的凉枕。

随着季节的变换,我的枕头换了一茬又一茬,唯一不变的,是枕头里奶奶对我深深的爱。

耳畔笑声

王 浩

是不是只有失去了，才会懂得珍惜。

——题记

我亲爱的前同桌，不知你现在是否和我一样身处考场，不知你是否还是那么爱笑，更不知你是否还记得我。可是，为何你的笑声总在我耳畔回荡。

记忆中，你总是那么开朗，嘴角永远都保持上扬，就像你的名字一样——"阳"，阳光。你总是说："人生那么漫长，干啥总是悲伤。"再配上你那夸张的表情，总能让人捧腹大笑。你是那么活泼，让人记住你便不能忘却。你是标准的文科女，脑子里总有我无法理解的诗文，你的数学却总是那么烂。

记得有一次，考试成绩刚发布下来，我盯着语文试卷上那百思不得其解的红叉叉，而你却对着那"悲惨"的数学成绩大笑起来，我问："你笑什么？"你说："人家想哭的嘛，可是哭不出来，就用笑代替了。"看着你那夸张的笑脸，我压抑的心情也爆发出来，然后演变成全班盯着我俩大笑，不知为何也都笑了起来，最后整个学校都沉浸在我们班的朗朗笑声之中。

记得你要转校前的几个星期，你突然变得安静起来，不解其故的我还问："怎么，最近流行文雅风，把你都染上了？"突然，你绽放出一个大大的笑容，说："才没有，什么风能感染本小姐。"我看着你那勉强的笑容竟有种不好的预感。果然，老师说出了你要转校的事，我一听，鼻头涌过一阵酸涩，眼睛里充满大大的泪滴，你一看，说："哭什么，还亏你跟我做了这么久的同桌，怎么还不像我学习呢？来，给姐笑一个。"我便笑了出来，一滴大大的眼泪滚到我的嘴角旁，我尝了尝，是涩的。

你知道吗？我终于学会了你的笑容，当想起你时，我会用笑容来抵挡回忆的苦涩，每当遇到困难时，我的耳畔总会响起你的笑声，陪着我一同走过人生。

箍　牙

曲素颖

不知道妈妈是怎么想的，硬是让我做去牙齿整形，叫什么"箍牙"。我烦得直叫唤：整什么整？我的牙齿"刚刚"的！咬苹果"咔嚓"一大块，啃排骨干净又利落，嚼黄豆"咯嘣咯嘣响"，就差没嚼碎一颗山核桃了！只要能大快朵颐吃东西，我才不管什么美啊丑啊的。可是妈妈大人的有些指令，"儿臣"真是违抗不了，于是我只好"唯命是从"。

到了医院，医生让仰躺着不准动，张大了嘴不准合，还要反复地漱口。一会儿牙齿就疼痛发麻，仿佛不是长在自己身上。一番折腾下来，好端端的牙齿被套上了一圈钢丝，难受极了。临走之际，医生还再三嘱托：不可以吃硬东西，不可以喝酸奶，不可以吃甜食，每次刷牙至少五分钟……这可真要了我的命，还不如让我绝食呢。

回去后，老妈在家里处处设防，让我少接触那些禁食的东西，眼不见嘴不馋。但最让我无法忍受的，是跟老妈逛超市。一看到那美味的鸡爪，我口水就往下流，刚要冲过去，就瞥见老妈那警惕的眼神，我立马泄了气；冷饮区里看见最钟爱的柠檬味酸奶，还没伸手，就听见妈妈大人那冷峻得不能抗拒的提醒："忍忍，等过了这段时间，管你喝个够。"忍忍忍，"忍"字心头一把刀啊，叫我怎能忍得住啊！

啊，是可忍孰不可忍？俗话说，"民以食为天"，没有了我心爱的零食，我的生活黯淡无光。"我！的！牙！齿！"我对着我的狗狗喊，吓得它一头钻进了床底下；我对着阳台那盆法国球兰喊，吓得她花枝乱颤。我想对着老妈喊——但不敢，违抗了"圣旨"，再也没有零食吃了怎么办？

自从箍了牙，我有点儿不太愿意出门，生怕一不小心，露出满口狰狞的钢牙，吓着了谁。最主要的是，怕引来众多好奇的目光，把我当怪物看。

我领教了被拘束的痛苦，终于明白，自由是多么可贵。我想到了爷爷为我抓来的不知名的小鸟，它被关在我为它准备的"舒适"的鸟笼里，不敢随便叫，不能随意飞。我再一次走近看它，竟从它的眼神里看出了怨恨和绝望。

我打开鸟笼，出口对着推开的窗户。小鸟"嗖"的一下飞走了，丝毫不留恋我和它的美食。但我一点儿也不心疼和惋惜，是箍牙，让我懂得了更多……

爷爷的三轮车

李翊君

三轮车,在农村是一种常见的交通工具,对我来说也是那么熟悉,因为我是在爷爷的三轮车上长大的。小时候,爷爷常常骑着三轮车带着我和妹妹去串门、逛街。上学了,三轮车成了专门接送我们的工具。

每天早晨,当清脆的车铃声响起的时候,我们便踏上爷爷的三轮车,一路晃悠着去上学。傍晚,在校门口,我们总是开心地扑向爷爷,三轮车也发出了欢快的响声。

可是,岁月总是那样不饶人,三轮车渐渐旧了,爷爷也一点点老去,我再也见不到他那挺拔的脊背了。

那天雾很大,爷爷照常带我和妹妹去上学。当雾水沾上爷爷的眉毛时,我觉得爷爷一下子苍老了很多。在白茫茫的大雾中,爷爷那佝偻的身子弯成了一张弓,双脚因用力而显得格外单薄。我突然间发现我是那么不懂事,好几次，当爷爷气喘吁吁地把我们送到校门口的时候，我却因为他骑得慢而很不开心。雾气顿时蒙上了我的眼睛，于是我跳下车子，轻轻地帮爷爷推着。机灵的妹妹见了，也跳下了车，对我说："姐姐，我帮你！"爷爷转过头，看见我们的样子，连忙心疼地叫我们上车，还故意板起了脸吓唬我们。我知道，爷爷是怕我们累着。从那以后，我就和妹妹悄悄地约定，每天轮流给爷爷推车子，好让爷爷轻松些。

如今的我已经五年级了，再也不用乘坐爷爷的三轮车去上学了。但是只要一有空，我就会坐在三轮车中，听着车子那"吱呀吱呀"的声音。

三轮车，载着爷爷给我们的爱，一路走来。这份爱，简单却又厚重。爷爷，我长大了一定要好好报答您！

当作业落在学校之后

张冰寻

"放假啦!"同学们欢呼起来,个个手舞足蹈。

随着校门缓缓打开,一位位家长匆匆来到孩子所在的教室,规规矩矩地排好队,等待签字接走孩子。我的爸爸妈妈因为有事都不在家,妈妈就请我同学的妈妈——"香妈妈"来接我。我收拾好书包,跟着"香妈妈"一起兴高采烈地回家了。

第二天,我起床、洗脸、刷牙,一切完毕之后,我打开书包,拿出作业清单准备做作业。"咦?我的《快乐语文》和《有效课堂》两本作业哪儿去啦?"我疑惑地问自己。该不会是收书包时粗心大意,把作业落在学校了吧?我向爸爸妈妈求助,得到的回答却是——自己想办法解决。

做不了家庭作业,怎么向老师交代呢?我开动脑筋,思考着解决的办法。

办法一：找同学借来复印或者抄写；办法二：到书店借来复印；办法三：上网搜索一下，再打印出来；办法四：到学校找老师取回作业本……

办法想好了，可落实起来还真是不容易。找同学借吧，有点儿不好意思，但我还是硬着头皮去了。没想到，同学的动作那么快，已经做了一部分，如果全部重新抄写，那就太麻烦了，我只能放弃了这个办法。爸爸带我到"三味书屋"去了一趟，老板遗憾地告诉我，作业书的季节性很强，一般期中考试之后就下架了。前几天，他刚刚进行了"过季退货"，我要的书已经没有了。

看来，我只有用第三个办法——上网找了。我来到爸爸的单位，爸爸让我自己搜索。我刚刚才学会拼音打字，花了不少时间才在搜索框中慢慢打出"《快乐语文》第32课作业"和"《有效课堂》第32页、第33页"两句话，可搜索到的结果都不是我想要的。换了几个关键词，仍然没有搜索成功，这个办法还是行不通。

最后，只剩下找老师这一条路了。可找老师的话，我怕挨批评，怎么办呢？想来想去，没有更好的办法，我只能硬着头皮借妈妈的电话给班主任李老师打了个电话，询问教室门钥匙的下落。因为已经放假了，李老师出远门了，我几经周折，才取回了作业书，心中的石头总算落了地。

真没想到，我的粗心给自己带来了这么多的麻烦。这毛病，不改真是不行呀！

榜样

李玫玫

每当我看到舞台上那些年轻的演员，我便会想到我的同学陈昊。她弹得一手好琴，而且去参加过许多演出和比赛。她是我心中的榜样。

她个子不算高，也不算胖，指腹上满是茧，两只眼睛也因看谱而戴上了一副眼镜，但是总闪烁出智慧的光芒。她以优美的舞姿、动听的钢琴旋律，理所当然地成为了文艺晚会上的公主，也成了老师和同学们公认的"文艺之星"。

文艺表演是学校最重要的文艺演出项目。这时，会演开始了。到第五个节目时，一些嘈杂的声音在后台响起。仔细一听，我才知道下一场要表演的陈昊因为生病还没有来。这时后台不知谁出了一个主意："下一个节目先演吧。"大家这才松了一口气，正当主持人要报幕的时候，突然一个身影跑到了台下说："对不起，我因为生病来晚了，你现在可以报我将要弹奏的曲目了。"主持人开始报幕："接下来有请陈昊同学为我们弹奏钢琴曲《珍珠》。"

她走上台，向大家鞠了一躬，走到座位上，开始演奏。优美的旋律使大家听得入神，她自己也入了神。旋律忽快忽慢，音符也在纸张上连成线画出一串连成线的珍珠。正当观众们沉浸在聆听这一串完整的珍珠的曲调时，那串珍珠忽然断了线。珍珠落地的旋律响起，一颗颗的珍珠发出的"叮叮咚咚"的声音。最后那旋律渐渐地慢了下来。

曲毕，她转过身来，仔细一看，我才发现她额头上布满了像珍珠般的汗水，两手也不停地微微颤抖着。但是她努力地支撑起身子，慢慢地走到舞台中间向大家鞠了一躬，微笑着走下台。看着她这副模样，大家的脸上满是担忧的表情。她没走几步便晕倒了，还好有同学在她的旁边，搀扶着把她送到了校医室。等到主持人报下一个节目时，观众才回过神来，这时全场爆发出经久不息的掌声。

在掌声中，我觉得她的形象越来越高大，需仰视才行。我要把她作为我的榜样，向她学习，争取也成为技艺精湛、意志坚定的人。

电视机前的一家子

弓卓佳

我有一个幸福的、充满爱的家庭,温馨的爱充满家里的每一个角落。

星期五的晚上,当繁星点点装饰着深蓝色的夜空,一轮银盘似的月亮在夜空中散发出皎洁的月光,月光普照大地的时候,我和爸爸妈妈正其乐融融地看着电视。

妈妈拿着遥控器寻找着黄河卫视,终于找到了,我和爸爸妈妈聚精会神地看着其中所讲述的故事情节。

电视里播放的是一个十岁左右的小女孩儿,在放学回家途中被一个陌生人带到偏僻的地方残害了,他的父母非常伤心……妈妈看完后,便担心地对我说:"女儿,如果你遇到陌生人不要吃他的东西,也不要跟他说话啊!"我认真地点了点头。

"你看这个小女孩被残害,他的父母是多么伤心啊!

所以你不要乱出去跑啊！"妈妈不知疲倦地说道，"你以后不能一直往外跑了啊……"我不耐烦地说道："好了，好了，知道了。"

爸爸也说："女儿啊！你妈说得有道理，你一定要记住啊！"

我实在忍受不下去了，便出了家门去散步，我刚出门就想："怎么可能出现这种情况，真是杞人忧天！"

过了十几分钟，我回来了，我看见爸爸正要出门，我跑上去问："爸，你要去哪儿？"爸爸说："我见你这么久都没回来，还以为你丢了呢！"我笑着答道："我都是大孩子了，怎么可能丢了呢？"

望着爸爸那充满担心的眼神，我想到了妈妈对我说的话，顿时心潮澎湃："爸爸妈妈对我的唠叨是出于他们对我深深的爱呀！"想着想着，我便流下了一滴滴饱含幸福的泪水……

家是我温暖的港湾，是爱的发源地。我爱我充满和谐的家。

品书中佳肴,享人间美味

罗宇馨

听妈妈说,我一岁"抓周"时,左手抓了一本书,右手抓了一支笔,任谁掰我手心,我都不舍得松开。自此,全家人都认为,我与书有缘。家庭的熏陶,老师的教育,让我与书慢慢结下了不解之缘。

牙牙学语时,妈妈便开始培养我对书籍的热爱。妈妈时常拿着一本绘着彩图的书籍,给我念书里精彩动人的故事。那些故事紧紧扣着我的心弦,深深地打动了我。我的阅读就这样像二万五千里长征般走出了第一步!从《懂礼貌的小松鼠》中,我明白了与人相处,要有礼貌,这样,你才能受到别人的欢迎和尊重;从《幸福岛》中,我领悟了要想为自己和别人创造幸福,就得有一颗坚强、善良、充满爱的心灵;从《花猫过节》中,我知道,在一个集体中,大家要互相帮助、相互关心,才会使我们的集体更加温暖……

真好啊，妈妈——我人生中这个最最伟大的启蒙老师，给我选择了一条多么美好、快乐的道路啊！是的，我们的物质生活也许还不够富足，但我们的精神生活可以先富足起来！书里的乐趣，只有热爱她的人才能够明了哦！曾读过一篇美文《读书人是世间幸福人》，觉得作者说得很好。不知不觉间，我也成了世间一个无比幸福的人，真是太美妙了！

走进学校，在一位位恩师的引导下，我得以接触、阅读了更多有益的书籍。那稚嫩的心灵土壤哟，仿佛接受了一场场春雨的浇灌和三月明媚阳光的洗礼。那些在心灵深处潜滋暗长许、久渴望博览群书的种子，终于破土而出，迎着雨露，沐浴着阳光，骄傲地蓬勃起来，渐渐丰茂成一片片芬芳四溢的精神家园……

"日月之行，若出其中；星汉灿烂，若出其里"，好一首《观沧海》，诗人吞吐日月的博大胸襟令我叹服；"会当凌绝顶，一览众山小"，好一首《望岳》，多么富有哲理的诗句，人生理想得以实现后，将是何等欢喜、欣慰，至于眼前的区区困难嘛，又算得了什么呢？"俱往矣，数风流人物，还看今朝"，伟大领袖毛主席大气、从容、豪迈的不凡气质尤令我深深折服！我的心啊，穿越古今，和他们一起对话、交流，真是幸福、快乐得无与伦比！

"五月的鲜花开遍了原野，鲜花掩盖着志士的鲜血。为了挽救这垂危的民族，他们曾顽强地抗战不歇。"揭示了侵略者的可耻、可恨，以及华夏儿女奋勇抗倭、还我河山的铮铮誓言！

我国现代文学史上伟大的文学家、思想家、革命家鲁迅先生"弃医从文"的故事，让我领略到了先生洞察国民灵魂之深刻、独到眼光，以及抛却个人名利，以唤醒愚昧落后、麻木不仁国人灵魂为己任的伟大精神！

读到朱自清先生"宁肯饿死，也不吃美帝国主义救济粮"的故事，我又一次被深深震撼。多么伟大的民族气节啊！细细想来，我们做人不也应该这样吗？一个人，如果连气节都失去了，何能成事？

那抹色彩从未淡去

等待是一种煎熬

宋　婧

清晨，我早早地起床："妈，姐回来了没有？"

"没有。"妈妈扔下这句话便消失在了雾气中，又是一阵漫长的等待……

中午，我急切地想要听到电话铃声，那是多么令人向往的事。电话铃响了，我飞速抓起电话，可是，一声"喂"打破了我的梦。姐姐说因为有课所以要到傍晚才回来……我一肚子的委屈，却只能在作业中发愤图强。钟表始终在慢慢地爬行着，表是不是坏了？它走得太慢了，一圈，两圈，三圈……真想有一种东西可以控制整个世界的钟表，让时间一下子变到傍晚，然后让姐姐在家的这段时间跑慢一些。

在漫长的等待中，暮色渐渐暗了下来，空气中弥漫着无尽的灰色，它在包裹着我，我不禁想起了那首《灰色天空》。黑暗中仿佛有数万只眼睛在看着我,我感到背后仿佛有一只黑手朝我袭来,我不敢往下想,因为那是多么的阴森,时间仿佛凝固在这几分钟之间。"嘀嗒嘀嗒"的声音在不为人知的地方发出刺耳的响声,暮色越暗,心中越焦躁不安。

傍晚,心中的恐惧已经侵占了光明,灯光下依然觉得有什么东西在我背后,可是每当我转过头时,都发现没有。这时我听到父亲开车回来的声音。"我去接我姐。"说完了这句话,我便飞奔上了自行车……远远地看到一辆112路公交车驶来,心中升起期盼!但是我却失望了,在无尽的人群中,我没有看到姐姐的身影。时间一分一秒地过去,冷得我不时有骑起车往家走的想法,但是已经等了那么久,要放弃吗?不!不能放弃!可是我也感到幸运,在这里正好有一个小酒店,虽然不是很大,但是微弱的光正好能使我看到我想看到的地方。路上车辆渐渐少了,也许都赶回家了,这时,我看到对面山峰上有一弯月牙,它在对我笑,也许是在给我安慰!

这时我看到又来了一辆"112",心中又点燃了希望之火。我冲了上去,但是仍没有发现姐姐的身影!为什么!为什么!灰心丧气的我转身想要离去,却在转身的那一瞬间,看到一辆"112"飞奔而来,这次我没有上次那么激动,因为我怕,我怕这一次我的希望之火又被熄灭了怎么办?我看到了!我看到了姐姐!在黑暗中我看到了!

我冲了上去……

　　期待并不是错，只看你有没有恒心，这一瞬间我终于不用在漫长的黑暗中等待了……因为我知道，姐姐你会回来，等了那么长时间，我终于望见了你的身影……

马路"杀手"在我家

张静宜

一辆红色的轿车缓缓停下,车中的女司机摘挡、拉手刹、熄火,动作一气呵成,关车门、锁车,姿势优雅流畅。别看她此刻一副神气活现的样子,其实她可是位不折不扣的马路"杀手"。她呀,就是我的妈妈。

两个月前,刚刚考下驾照的妈妈兴冲冲地买了一辆新车,缠着老爸陪她开车上路练练手,还把我给拉上了,美其名曰:让你见识见识老妈的驾驶技术。车开到路上,老妈神气不起来了。"往左打点儿……往右打点儿!慢踩刹车,轻踩油门儿!"有着十几年驾龄的老爸坐在副驾驶位置上大声指挥着妈妈。老妈呢,脸绷得紧紧的,双手用力握着方向盘,两眼紧张地望向前方,车子"跌跌撞撞"地行驶在马路上。"刹车!你跟前车离得太近了!差点儿就撞上了!"老爸突然大吼一声,吓了我一跳。老妈狠狠瞪了老爸一眼，干脆利落地拉手刹、熄火、下车，拉开后车门，一屁股坐到我旁边。车子就这么突然停在了马路上，后面的喇叭声响成一片。幸亏老爸及时把车开走了，否则一场大堵车在所难免。

老妈好不容易能自己开车上路了，她"路痴"的毛病又成了拦路虎。这不，那天老爸老妈参加一个聚会，结束后老爸临时有事，让她自己开车回家。老爸把回去的路线详细地告诉了老妈，并一再嘱咐她不要拐错路口。老妈手一挥，满不在乎地说："这么简单的路我还不认识？我肯定能回去，你放心去玩吧！"就这样，老妈信心满满地踏上了归程，"准确"地转错了路口，把车开上了与目的地方向完全相反的跨海大桥。快下桥时，老妈终于察觉出了不对劲儿，正想调头回去，谁知屋漏偏逢连夜雨，车没油了。老妈只好把车停在应急车道上，给老爸打求援电话。甭问，老爸的饭局彻底泡汤了！

让人哭笑不得的事一件接一件。那天中午，老妈开车带我和姐姐去商场，车外阳光毒辣，热浪翻滚。我和姐姐强烈要求妈妈开空调，可她无动于衷，还说："这天还叫热？明明很凉快！要注意环保！"话虽然这么说，可她自己也早已大汗淋漓了。过了一会儿，老妈把车停靠在路边，叫我们下去买冷饮凉快凉快，自己则跑到一边，偷偷打起电话。我竖起顺风耳听她在说："咱家车的空调我忘记怎么开了，快告诉我，详细点儿啊！"搞了半天，妈妈不给开空调,是因为她不会开呀!

  关于妈妈的驾车糗事,多得数不清。我家因为有了这位马路"杀手",乐趣增添了不少。谁也不是天生就会开车的,老妈加油!我看好你哟!

我是探险控

车命名

作为一名好奇心特别重的探险家，我整天东奔西跑，特别忙。

这天，我摊开世界地图，又开始寻找可以探险的地方。看了一会儿，我眼前一亮——阿尔卑斯山不错，那里风景优美，又可以滑雪，一举两得！

作好决定之后，我立马动身。到了阿尔卑斯山，我略作休息，一口气爬到了峰顶。好冷哦……我哈了几口气，拿出热水袋暖手。可热水袋太烫了，我只好把它放到雪地上降温。没想到，热水袋一落地，就往雪堆里陷——一定是热量把积雪融化了。等等，情况好像不对，刚才峰顶的海拔还是四千多米，现在只有两千五百米了！照这个速度，阿尔卑斯山有可能彻底消失！天哪，这可不行啊，我得追回我的热水袋！可我的速度哪比得上雪融化的速度呢？只听"轰"的一声，阿尔卑斯山消失了！壮丽的风景全没了！糟糕，大家一定会要我赔雪山的，我怎么赔得起一座山脉呀？

我正心急如焚，忽然看到地上有一个小圆球。我的探险精神再次发作，跑过去捡起圆球就往嘴里放。咦？这是……牛奶味的阿尔卑斯糖！哈哈，这一定是阿尔卑斯山融化后凝结成的阿尔卑斯糖！我可是吃货一枚，赶紧吞了再说。可是，这显然是个错误的决定——我刚将糖球放入嘴里，肚子就开始疼了。哎，一口吞了一座山，能不疼吗？况且这还是座冰山呢。对了，听说意大利的维苏威火山又要爆发了，找它烤一烤，应该可以缓解我的肚子疼。

我忍着肚子疼，来到了维苏威火山面前。我二话不说，一下子跳入了火山口。火山口里的温度虽高，我却并不觉得热，反而还有点儿冷，因为雪山消化起来需要时间嘛。过了一会儿，我的肚子终于不疼了，还是火山效率高呀！但新的麻烦又来了——太热！不行，我得出去了。我刚一站起来，胸口就一阵恶心。我感到有一大堆液态物体在我的肚子里晃荡。哎呀，我忍不住了——"哗！"一股水柱从我的嘴里冲了出来，这都是阿尔卑斯山的雪水呀！冰冷的雪水喷在滚烫的熔岩上，发出了巨大的"嘶嘶"声，一大堆白烟升了起来，维苏威火山变成了人间仙境。我把拍摄的照片传到网上之后，全世界的游客都蜂拥而来。

　　我又去哪儿了？我被升腾的雾气托上了天，开始了全新的探险之旅。

手 牵 手

张秋媛

今天下午,老师带我们玩了一个非常好玩的游戏——手牵手。

下午,我们早早地来到学校。不一会儿,上课铃响了,老师和往常一样,拿着书走进教室,但是和往常不一样的是,老师诡秘地告诉我们:"想玩儿吗?一起出去玩吧!"

我们从教室里鱼贯而出,来到操场上。老师说:"今天我们玩一个手牵手的游戏,也就是两个人的手交替牵着,沿着一条线旋转,不离线,不能跑起来。我不参与这个游戏,因为我是队长。"我们跃跃欲试。随着一声"开始",两组队员奋力前进,我们队"打前锋"的是段欣瑶和张振中,因为迫不及待想赢,他们犯了规——男生急切地小跑了几步。他们不得不返回原地重新开始。

紧接着，第二组向前冲。虽然平稳过去，但还是有点儿慢。两边的队员像小天鹅一样在线上翩翩起舞，每组同学都不断呐喊，不断加油。你看张思家的紧张劲儿——抓住同伴的这只手，忘了松那只手；松开了这只手，又忘了抓住那只手。他的脚不停地转，手也舞蹈起来，逗得大家哈哈大笑。另一队的同学也搞笑极了，两个人的手紧抓在一起不松开，头相互抵着，一个劲儿旋转，像芭比娃娃随着音乐舞动，又像两个蒙古大汉在草原上摔跤，更像一个风车在风中转动。

合作得最好的应数翟磊和曹帅奇、翟淼和张佳琪这两组。他们面带微笑看着对方，双手不停地交换着牵手，脚下生风般摇曳着，没有音乐却像在跳双人拉丁舞。当他们结束时，我们看得入了迷，情不自禁地鼓起掌来……

大家不在乎结果，不在乎摔跤，不在乎天气，却把欢乐的笑声和拥抱的身影留在了操场上。

怀 念 外 公

池 晨

望着相框里外公慈祥和蔼的面容，我的泪无声无息地滑落下来，我好恨、好悔，来不及见外公最后一面。我永远忘不了那一天，我从闽清回到外婆家，见到的却是外公的灵堂，以及置于两旁的十几个花圈。走进灵堂，姨姨与外婆正掩面痛哭，看到外公安详地躺在那里，顿时，我的眼前一片模糊，外公生前的往事一幕幕地浮现在我的脑海里。

有一次，我在外公家做作业，正当我快完成时，抬头看见外公，便兴奋地拉住他的手问："外公，您看我的作业做得对吗？"外公皱紧眉头，仿佛在思索着什么。我愣了一下，随即问他："外公，您怎么了？""从现在开始，我要帮助你练字！""练字？为什么要练字？"我十分诧异地问。外公指着我写的字，说："你写的字，说难听些,简直像鸟爪。"

第二天一大早,我还在被窝里做着美梦呢!突然一股冷气向我袭来,谁打搅了我的好梦?我睁开了眼,吓了一跳,外公表情严肃地站在我的床前:"还睡?都日上三竿啦!"

我忙反驳道:"今天是星期六……"话还没说完,外公又说:"因为是星期六,才要你利用这好时间练练字啊!""练字?真是……"外公叹了一口气说:"时间是宝贵的,哪能像你这样浪费?""得了,我练就是了!"我忙打岔道。

起身以后,我来到阳台,拿起笔刚写了一个字,便被外公叫住了。我纳闷地望着外公。他接过我手中的笔,在纸上写了十四个字:"少年易老学难成,一寸光阴不可轻。"我将外公的字与我的字比较,这才发现我写的字的确太不像样了。于是,我下定决心,一定要练好字。就这样,每天在外公的督促下,我的字大有进步,真打心眼儿里感谢外公。他不仅使我的书写有了很大的提高,还使我明白了时间何其宝贵。

如今,外公离我而去,但他的音容笑貌仍深深印在我的脑海里。我永远忘不了他,他永远活在我的心中。

与众不同的桌子

焦自强

我们一家五口住在一间二十几平方米的出租屋里,家里只有一张小桌子,它既是我们的餐桌也是我们的学习桌。不过由于桌面小,写作业时,只能一个人趴在上面,所以我和弟弟要轮流写作业。有时,为了早点儿写完作业,我们要趴在床上写。这几天,妹妹总是打搅我写作业,这让我感到很苦恼。

一天中午,我到楼顶去玩,看到了很多木板和砖头。看着这些东西,一个妙点子突然出现在我的脑袋中:何不做一个桌子呢?说干就干,我把砖头一层层摞在一起,堆成正方体,然后在上面放了一块木板,这样桌子就做好了。为了更加美观,我把四周也都围上了木板。我带着弟弟去看我自制的桌子,对他说:"以后我们在这里写作业,就不会被妹妹打搅了。"他满脸疑惑,说:"我觉得不行，还不如在家里写呢。"我解释道："你别看它是一堆砖头和几块木板，它可牢固着呢，而且桌面大也够咱们两个写作业。这个地方宽阔，阳光也很充足，是个写作业的好地方。"弟弟虽然还有些疑虑，不过也同意上来试试。

刚开始我和弟弟都不习惯，因为在这里没有在家里自在。有一次，房东上来了，看见我们惊讶极了，忙问："你们怎么在这里写作业啊？"我赶紧笑眯眯地告诉他原因，他叮嘱我们要注意安全，别乱动楼上堆放的物品，这才不放心地走了。

时间过得很快，渐渐地，我习惯了在这里写作业，有时候妹妹不打搅我，我也想来这里写写作业、看看书。我觉得这里就像个偌大的开放书房，一个只属于我的书房。

这张桌子虽然简陋，但它是一张与众不同、独一无二的桌子，它给了我很大的帮助，我很喜欢它。同时，它也让我明白：在我们的生活中，一些看起来微不足道的东西，其实有着很大的作用。

沙漠里的交通工具

雷景旭

暑假里，我们一家人来到响沙湾，开启了沙漠之旅。

到了响沙湾，只见一片金色的海洋出现在我眼前，真是壮观。一道缆车临空飞架其间，我们便乘上了这第一种交通工具，从高空饱览大漠的壮美。长长的铁索平稳地滑动着，我们望着无边无际的茫茫沙海，心里充满了期待。

下了缆车，我们穿好沙袜开始行走。在沙漠中走路，脚步沉沉的，身后留下一串串脚印，就像一个个动人的音符。

来到码头，我们要乘坐第二种交通工具——沙漠冲浪车。它独特的外形像是海上的一叶帆船，开动后，我们身后留下了一道道弧线，我的心都要飞起来了！沙漠冲浪车将我们带到了仙沙岛。金黄色的沙坡像一条金色的卧龙，我迫不及待地扑向沙的怀抱，滚沙、滑沙、踩沙，在沙的乐园里尽情地享受着。

　　沙漠摩托车是我乘坐的第三种交通工具，它是征服沙海的绝佳工具。伴随着油门的轰鸣声，我们在沙海中穿行，感受着风驰电掣的刺激。

　　蓝天白云，金色的沙丘，长长的驼队仿佛从异域的童话中走了出来……沙漠之舟——骆驼，它们才是沙漠真正的主人。我们骑着第四种交通工具——骆驼，前往悦沙岛。坐在骆驼身上，随着它的步伐摇摆，听着阵阵驼铃声，这可真是一幅美好的画面。

　　在沙漠艺术宫里，我们感受了一回蒙古族的民俗风情。走出艺术宫，我们乘坐了第五种交通工具——沙漠观光火车。伴随着火车的汽笛声，沿途独特的风景映入眼帘。观光火车缓缓驶入莲沙岛，我下了车，一头扎进了滑沙场，坐上了第六种交通工具——沙舟。它是一块长方形的木板，坐稳后，双腿前伸，双手向后插入沙子，工作人员在背后用力一推，我便从高处往下滑。随着下滑的速度越来越快，眼前的风景也变得越来越模糊。此刻的我，只想畅快淋漓地大声呼喊……

生活的味道

胡晓敏

生活，有时就像是一杯白开水。没有任何渲染，也不需要任何说明，但却有一种特别的味道。

姐姐不算是好学生，也不算是个乖孩子。或许在大人们眼中，她就是一个名副其实的"坏孩子"。但我却觉得她就像是一个天使。她很会照顾人，那段时间她说她家一个人都没有，让我去陪她，我便去了。

但到了那儿的第二天，我就中暑了。我连翻身的力气都没有，真正有一种眼里藏着两个太阳的感觉，还发高烧。看到我这样她没有慌，而是跑出去在三十几度的高温下给我买药。不过，我向来不吃药，她是知道的，就一直给我端水。那一杯杯平日喝来淡得厉害的水，那天喝完却是格外的甜。她在地上转来转去，为我忙活，而我躺在床上，看到她为我忙东忙西的，便让她坐下。我发现她已经满头大汗，汗液像是发了疯似的往外冒，我帮她擦。她笑着说："呵呵，你还管我呢！"我心疼了，这还是那个在学校闹事，在家中顶撞父母的姐姐吗？

但最后令我内疚的是：第二天，我好得差不多了，她却病倒了，我也倒了一杯水，说："昨天你照顾我，今天换我，来，喝水，不然要吃药了哦！"然后是四目对视，都发现了彼此眼中的东西，都笑了。顿时，我觉得好温暖。

这杯白开水里，姐姐帮我加了爱，让爱升温，我很温暖。

生活，有时又像是一杯苦咖啡，只有用心去品味，才能得到不一样的体会，才能感觉到那淡淡的温暖。

我早上起来头昏昏的，一点儿想吃饭的欲望都没有。原想洗洗就去学校，但妈妈却说让我必须吃饭，军令如山，我也就束手就擒吧。刷牙的时候，妈妈问我要不要喝奶，因为在刷牙，所以谈吐不清，像小孩子一样乱哼哼。妈妈便说："哦，你是要喝，对吗？"我急得脸都变了颜色，赶忙漱了漱口才说："我不喝了，别去了吧，门市的门好像也不开。"但妈妈像一个严厉的法官一样，很是坚定。我见状便说："快赶不上上课了，一会儿该迟到了。"因为我知道妈妈最讨厌迟到了，但对于我不吃早饭的问题，她总是很坚决，我服输。

妈妈刚走出门不久，又折了回来，问我要喝××牌子的吧。我喉咙开始发紧,但还是点了点头。

  妈妈又走出了门,看着她急火火的背影,我的眼睛有些酸涩。早饭沉甸甸的,吃到嘴里也是沉甸甸的,因为那里面装满了爱。没有多大会儿,妈妈回来了,我还没来得及擦掉眼角的泪珠。刚回到家,妈妈就把牛奶放到我面前,妈妈离我很近,我听到了她急促的呼吸声。听得出来,这一路上,她一定走得很急。

  这杯咖啡里,妈妈帮我加了糖,让爱变甜,我很温暖。

我心目中的良师

笛 凯

寒风凛冽,它带走了芦苇绿油油的面容,它带走了树木充满生机的叶子,它带走了小草的生机勃勃,往日茂盛的景象也已消失了,但它仍然没有放弃,勇敢地面对着艰难险阻。

小草是我心目中的良师。

夏天时,骄阳似火,毒辣的太阳好像打翻的火炉似的,有些弱小的植物,叶子已经蔫巴了,炽热的太阳蒸发了土中的水分,小草等到晚上温度不是太高时,利用叶子上的纤毛把露水收集起来,到了一定重量时,叶子承受不了露水的重量,会让露珠落下来,正好落到根系周围,这样小草就照旧有水喝,不必怕太阳烘烤时为找不到水而烦恼了。既储存了水分,又避免被太阳照射时大量失水的后果。

秋天，凉风像凶猛的野兽一样，吞没了植物们的青春，小草也受到了影响，它聪明的大脑又转动了，它把所有的营养都集中在种子上，希望种子能突出重围，飞到肥沃的土地和水分充足的地方。

冬天，万物以沧桑的面貌呈现在人们面前，但小草并没有放弃，它依然伸长根系，使劲儿地吮吸水中的营养，缩小了它叶面上的气孔，以免使其冻伤。储存养料，等到来年的春天长出嫩芽。

我心目中的良师是小草，因为它不惧困难，在任何情况下都顽强地生长着，即使暂时凋敝，也不忘积蓄力量，等待再次破土重生。

小区新事

严新竹

秋天的雨缠绵不息,我漫无目的地在小区的道路旁行走,不打伞,任雨水冲刷心灵上的尘垢。

忽地,有狗吠声传来……

一条毛色鲜亮的狗从树林间蹿了出来,一副着急样儿,"汪汪"声不绝于耳。我一向对狗没多大感情,索性瞥了一眼,接着就忽视了它,可它却围在我身边不停"嚷嚷"着。我蹲下身子,怜爱地抚摸着它。

最近,雨不时光顾人间,依旧是那么缠绵,却不免给人以萧条之感。望着窗外淅淅沥沥的雨,我的心怎么也平静不下来,查不出缘由的我,捧着热可可对这个有点儿陌生的小区吐诉自己的心声:"你呀你,什么时候才能让我真正熟悉你?刚搬来的居民,每个人都冷冰冰的。"外面,一个黑色影子在灌木丛间穿梭,我猛然从沙发上直起身子，看着它。

　　我飞快地跑下楼，手上拎着一纸袋肉骨头，准备让黑狗饱餐一顿，可发现黑狗正舔着一碗肉拌饭吃得欢呢。一旁是一位阿姨，难道这狗是她的？我走上前去与那位阿姨攀谈，原来她与我一样，也是怜爱小狗才来关心它的，而且，她们一家就住在我家楼下！一番亲切交谈，使两家相识并友好起来。

　　此后，通过一星期让小狗美餐的时间，我与每家都混了个脸熟，因为——他们都是来关爱小狗的。有了小狗，使我觉得在小区里，每个人都不是冷漠的，只是缺乏了一个被触发爱心与善心的契机，或许当爱与善成为社会主流时，我们尘封多时的友善便破土而出。

　　谢谢你，小狗，你让我在鳞次栉比的高楼中收获了久违的邻里情……

　　小区需要爱，社会渴望爱，时代呼唤爱，小区新事，让我感悟爱！

回忆·那年

袁子君

有这样一个小男孩儿,他讨厌听牧师们的话,不喜欢学校枯燥呆板的教育,与循规蹈矩的人们唱对台戏。在大人眼里,他就是一个顽童,调皮淘气,坏主意又多,还总是把自己的"聪明机智"用在一些奇怪的地方,但他勇敢乐观,正直善良,敢于冒险。他有勇气揭发凶手,使无辜的人不受到牵连,即使自己晚上都因为害怕而提心吊胆;他可以为了喜欢的女生,认下一个本不属于自己的罪名,即使结果是满身伤……他的名字,叫汤姆·索亚。

说起这个主角,第一个让人联想到的不是刚刚提到的那些英雄事例,而是两个词:调皮、机智。简单来说,他将自己聪明的大脑大多用在了坏主意上。姨妈逼着他喝"怪味魔汤",他就偷偷地舀起一勺,塞进了姨妈的猫——彼得的嘴巴里;他和大伙儿将校长的头涂成金色,在会演的当天从天窗上用绳子放下一只猫,让它抓掉校长的假发,露出他那金灿灿的光头;姨妈叫他去刷墙,他呢,故意表现出一副兴高采烈的模样,让别人觉得刷墙是一个很有意思的活儿,大伙儿都抢着做,自己则在树荫下坐着,哼着歌儿……

从他的故事中,我看到了自己的童年:偷偷地将站起来回答问题的同学的椅子移走,让他摔了个屁股蹲儿,恼火地爬起来四处张望的时候,自己悄悄地躲在书后面偷笑;吃着棒冰,哼着小曲儿,和朋友走在回家的路上,谈论着班里的八卦新闻;坐在书桌前,咬着铅笔,挤牙膏似的写下流水账日记……"池塘边的榕树上/知了在声声叫着夏天/操场边的秋千上/只有蝴蝶停在上面……"这首《童年》自己曾反反复复听过几遍?已经数不清了。上一秒钟,我似乎还坐在六年二班的教室里,耳朵里满是老师的讲课声,用手撑着下巴发呆,铃声一响,便和同学们嬉闹起来;下一秒,我就已经毕业了。虽然还未做好和过去告别的准备,可是,时光总会流逝,无论你有没有买好下一程的车票,列车都会开动。

也许在遥远的将来,高中毕业,大学毕业,抑或者是半只脚已经步入中老年的时候,无意间翻出一张已经泛黄的照片,双手轻轻抚摩着。照片上的人已经记不清名字了,只能模糊地看出"他"和"她"。闭上眼睛,那些记忆却依然灵动着、鲜活着……

我的目光重新回到那本《汤姆·索亚历险记》上，我微微一笑，打开电脑，放起最喜欢的那首《被风吹过的夏天》："蓝色的思念／突然演变成了阳光的夏天／空气中的温暖／不会更遥远／冬天已仿佛不在留恋／绿色的思念／回首对我说一声四季不变／不过一季的时间／又再回到从前／那个被风吹过的夏天……"

家乡的端午节

徐 晶

农历五月初五是端午节。这一天，家家户户的门上都要插上艾叶，据说这是为了驱鬼辟邪，小孩子要在胸前挂香囊，还要吃粽子呢！

端午节为什么要吃粽子呢？妈妈告诉我，这是为了纪念我国伟大的爱国诗人——屈原。由于受奸臣迫害，屈原被流放，他在流放途中听到楚国灭亡的消息后，万念俱灰，仰天长叹，投入汨罗江。百姓担心江里的鱼吃掉屈原的身体，纷纷拿来米团投入江中，端午节包粽子的习俗就这样流传了下来。

端午节这天，奶奶把糯米洗干净，再把豆子、芝麻和肉泥搅拌在一起。一切准备就绪后，开始包粽子了。奶奶熟练地抽出一片粽叶，折成一个角，往里面装糯米，装了一半，放入搅拌好的馅儿，再放一层糯米，填满后，把粽叶绕着角缠绕，最后用绳子系紧。很快，一个粽子就包好了……粽子全部包完后，就可以把它们放进大锅里煮了。

粽子熟了。我拿出一个粽子，剥开一层一层的粽叶，一股浓浓的糯米香和着粽叶的清香扑鼻而来。洁白的糯米里嵌着一颗颗软软的豆子和黑油油的芝麻，还有美味的肉泥，让人看了垂涎三尺。

端午节还要吃咸蛋和"萝卜蛋"（清蒸蛋），小孩子胸前挂的香囊就是用来放咸蛋的。俗话说得好："端午吃咸蛋，石头踩得烂。"吃完咸蛋后，大家干起活儿来都特别有劲儿。

"百里不同风，千里不同俗。"每个地方都有自己独特的习俗，这就是我家乡的端午节，特别而有趣。

辫子风波

张甜甜

今天早上,我们班的刘可儿刚踏进教室就把我吓了一大跳——她满头都是又细又长的小辫子。那些小辫子一缕一缕的,编扎得非常精致,就像一条条柳枝。从前,刘可儿总是扎着一根粗粗的马尾辫,今天真是一反常态呀。

看到刘可儿的新发型,同学们都一窝蜂似的围了上去。"是谁给你编的?真漂亮呀!""花了多长时间?"……大家七嘴八舌地问这问那,有几个女同学一边伸手轻轻地抚摸着辫子,一边仔细观察,好像要把辫子的编法记在心里。刘可儿骄傲地回答着我们的问题:"辫子正好二十个,是我妈妈给我编的。我妈妈可是厉害的理发师呢!只是她常年在浙江,很少回家。"

"哦——哦——美杜莎别吃我!别吃我!"陶志诚忽然张大嘴巴,阴阳怪气地来了一句。"哈哈哈,别吃我……"一些凑热闹的男生也跟着一唱一和。刘可儿生气地瞪了瞪那些男生。

　　大课间时，我们在操场上玩跳绳。刘可儿一直是女生队里跳得最好的一个。以前她跳绳时，男生们都会围过来赞扬她，可今天的情况却不大对——刘可儿像往常一样一蹦一跳，小辫子像无数条蛇在她的头上跳跃，让人不寒而栗。同学们开始边笑边小声议论着，有的人还指着刘可儿的头发故意做着一些夸张的动作。男生们干脆在一旁大声叫起了"美杜莎"。正在跳绳的刘可儿突然停了下来，眼圈红红的，好像要流泪了。我走到刘可儿身边说："刘可儿，你今天的发型挺好看的，大家并没有恶意。"刘可儿伤心地看了看我，哭着说："昨天……我妈妈好不容易回家一趟，特意给我编了这些小辫……没想到……呜呜呜……"刘可儿的哭声引起了很多同学的注意，大家都来安慰她。带头起哄的陶志诚好像意识到自己伤了刘可儿的心，低着头走到刘可儿跟前，小声地说："对不起，我不是有意的。"

　　放学的时候，刘可儿又像往常一样开心地笑了。这场辫子风波总算过去了，我和同学们似乎也明白了什么。

老师，谢谢您对我的信任

史棕元

"我相信，他不会那样！"这句话时常萦绕在我的耳边，让我久久难忘。每当想起那件事，我就十分内疚……

记得那天我把作业落在了家里，一路上我忐忑不安，心想：老师忘了这事儿吧，千万别检查了。可谁知我刚进教室，屁股还没坐热，就被老师逮到了："史棕元，作业呢？"虽然我在心中已经想过要怎么回答，可是被老师突然这么一问，我还是结巴了起来："呃，这个……那个……我忘带了。"我低着头，小声地嘀咕着，不敢去看老师。"没带？我看是没写吧！"旁边的同学挑衅道。还没等我反驳，我听到了老师的声音："我知道他不会那样。""没错，明天我一定带来，你等着瞧！"听到老师的话，我突然有了底气，重新抬起头来。

第二天课间活动时，老师叫起了正在谈笑风生的我：

"史棕元,你昨天的作业呢?"我一听,怔住了,血液凝固了,表情僵住了,完了,完了,我早把这事儿给忘了,怎么办呢?我慢慢站起来,低下了头,不敢与老师对视。我突然想起老师昨天说的那句话"我知道他不会那样",老师昨天对我如此信任,而我却……我心里后悔极了,真恨不得有个飞毛腿马上回家把作业拿来。我辜负了老师的信任,该怎么向他交代呢?这时,我小心翼翼地瞥见,老师敛起了笑容,目光黯淡了下去。我觉得对不起老师,对不起对大家的承诺。老师什么也没说,摆摆手让我坐下。临出教室前,老师对我说:"史棕元啊,明天一定带来!有再一再二,没再三再四,我相信你不会那样!"我大吃一惊,抬头看着老师,他的眼中,依然透露出对我的信任。

老师的话让我心里酸酸的,有说不出来的滋味,我暗下决心,明天一定记得把作业带来,不辜负老师对我的信任。

我当了一回小老师

陆雨晨

时间过得真快,我已经是四年级的学生了。开学前的那一天下午,班主任冯老师处理完班级里的各种事情,又发了一张16开纸。我定睛一看,是一张乐谱《跳柴歌》。冯老师清了清喉咙,温柔地说:"同学们,这个学期我们要学吹口琴。因为口琴是我们学校的特色,希望同学们认真练习。这首歌有点儿难唱,有会唱谱子的小朋友吗?让他当一回小老师带大家唱。"同学们大都摇头。我会唱啊!这不是三年级教过的一首歌嘛!何况本帅哥是学钢琴的,这些简单的音符对我来说,简直就是张飞吃豆芽——小菜一碟。想到此,我毫不犹豫地举起右手,大声喊道:"老师,我会!"

在老师的鼓励下,我激动地走上了讲台,心里真像十五个吊桶打水——七上八下。我先唱一句谱子,同学们就跟着唱，几遍下来，唱得我嗓子冒烟儿。我发现"3.5 62 34 32 62 35 66"中，咪后面有个符点，要唱四分之三拍，而大家只唱了半拍，听上去怪怪的。于是，我在黑板上画好节拍，并耐心地给大家打节拍，果然这次节奏唱对了。

　　这时，有家长来了，冯老师就走开了。糟糕，只剩下我一个人独挑大梁了，怎么办？果不其然，班上的调皮鬼小森，把最后一个音故意延得很长，惹来了同学们的大笑。我不由火冒三丈，大声吼道："老师在和不在要一个样，我们要让老师少操心！你再出怪声，就记你学号，不和你做好朋友了！"几个捣蛋鬼也就认真多了。

　　赶在下课前，我们班已能把《跳柴歌》唱得和谐动听了。我也不由得松了口气，总算圆满完成任务。擦了擦额头上的汗，摸了摸发疼的喉咙，不由感叹：当老师太不容易了！

"钻石"镶在牙齿上

易雅洁

这个暑假,妈妈带着我去矫正牙齿。

这天,妈妈开车把我送到位于大学城的汪蕾口腔医院。汪医生帮我检查了口腔,就开始准备工具了。我躺在椅子上,看着汪医生拿来了电钻、钳子、冲洗棒、牙镜等等。我既目瞪口呆,又胆战心惊。我仰望着天花板,心想:"会不会很痛呀?要是医生一不留神把我的牙齿钻了个洞怎么办?"我越想越害怕。

一切准备好了之后,医生拿出电钻就往我的牙齿上钻。我紧闭双眼,双手紧握妈妈的手,脚趾头使劲儿拱着,把鞋底抓得牢牢的。一会儿,"吱"的声音冒出来了,可我只觉得牙齿痒痒的,没有其他的异样感。我这才慢慢睁开双眼,看到汪医生正有模有样地工作着。从我的嘴里飞出好多小水滴,就像是摩擦出来的火花。

我四处观望,想看看从哪里可以看到我的牙齿。扫视了一圈，我终于在照明灯的玻璃上隐隐约约地看到了自己的牙齿。看了一会儿，我觉得无聊，就张着嘴，闭目养起神来。等我醒来的时候，汪医生正在把张嘴器卡在我的嘴里。我在照明灯的反光处看到自己的嘴巴张得很大，所有牙齿都露了出来，颗颗看得一清二楚。

医生用冲洗棒在我的牙齿上冲洗，又在我的嘴巴里放了根吸水棒，一瞬间，嘴巴里满满的水都消失了，真神奇！接着，医生从柜子里拿出了一种胶水，她说这种胶水有很强的黏性，味道很酸，不能舔。说完，她就在我的上牙上挤了一小点这种红色胶水。我从反光处看着这些红色的小点，它们好像认为我的牙齿就是它们的座位，一个个"坐"得稳稳当当的。过了一会儿，医生用冲洗棒把这些刚"坐"下的小红点给冲走了。我舌头动了一下，觉得这水酸得很，禁不住打了个冷战。

冲洗完后，我又观察了一下，发现牙齿上出现了红色的印记。医生按照标记的位置，把金属钉粘在了我的牙齿上，那些亮晶晶的东西在灯光下一闪一闪的，就像一颗颗钻石。医生又把铁丝镶在这些"钻石"上，我觉得牙齿们好像在自我调整，弄得我的口腔痒痒的。我漱了个口，闭上嘴，感觉好不习惯。但我还是走到镜子前，张开嘴照了照，那一颗颗闪闪亮亮的金属钉真的好像钻石呀。医生说，以后漱了口，它们就更像钻石了。

虽然这些小东西戴在我的牙齿上，感觉并不舒服，但我还是忍了，因为，它们都是"钻石"呀！

"夺命辣条"

章颜珩

"啊！真难吃，又是黄瓜！"我唉声叹气地抱怨，不知何时，老妈的口味变淡了，连买的饮料、零食都淡得尝不出味道。

一次，我实在斗不过肚子里的小馋虫，就想出去开个小灶。可出门买吃的，老妈怎么可能同意呢？借口去朋友家玩？可是他就住在我家楼上，没准会露馅。没办法，只能死马当活马医！我用力拍了拍自己锅盖似的头，努力让自己保持清醒，两手拉着妈妈，紧张地说："老妈，我……能不能去楼上的小东家玩玩呀？求你了！"妈妈想了想，无奈地说："行，给你一个小时吧！"

我松了一口气，立马跑出门，把电梯按在七楼，在门快关起来的一瞬间，冲了出去，飞也似的跑下楼梯，直奔商店，砖头都被我踩得发出"咔咔"的声响。冲进店里的我，一看见辣条，两眼射出金光，心里别提多爽了。我喜滋滋地付了钱，刚进公园，不料，撞上出来买东西的老妈。我立马像跨栏运动员一样，越过花坛，躲在一棵松树下。我不时地往后看，来了！来了！这回完了。把辣条藏肚子里，不行，扔进草丛里，舍不得。老妈一来，我摆出一副做贼心虚的姿态——笑眯眯看着她。老妈见我，又唠叨了："你怎么到楼下来了！小东呢？""我们在玩抓人！""你别出汗了，我告诉过你的！"我立马点头，这时，如同老天安排的一样，小东及时骑车来了，我迅速向小东使了个眼色，他配合地跟妈妈打了招呼。妈妈终于放心地走了，我把事情和小东一说，他骄傲地说："看！我这好友来得及时吧！"我笑了笑，为了表示感谢，请他吃我宝贵的辣条。

不知不觉我越吃越多，两包一扫而空。不好！肚子痛，历经千辛万苦吃到的辣条，刚吃完肚子就疼痛难忍，果真是夺命辣条啊！

绽放美丽人生

陈碧溪

天边送来几丝清风,被吹落的枯叶打着旋儿徐徐飘落。目睹这残景,我内心涌起一丝忧伤和感慨:人生真的如落叶,秋天一到就要落地,而不能一生美丽绽放吗?

不曾想未来的路有多坎坷,未来的竞争有多激烈。我如一只栖息的小鸟,发呆地看着蓝悠悠的天,席地而坐在草坪上,任风儿轻拂我的脸颊,惬意地享受着这一份恬静。忽然,一株幼苗闯入我的视线,柔嫩的绿叶托着点点花苞。它的生命是那么鲜活,那么惹人喜爱,却生长在密密的杂草丛中,生长在这不起眼的角落,这是怎样的遗憾啊!我叹息着离去,却不忘它绿色的身影。

此后的几日,风雨交加,窗外是一片朦胧世界,树叶在狂风中纷飞,落了一地。我顿时想起那株在杂草丛中不知名的幼苗,风雨中是否依然生气勃勃?我迅速地奔向那片杂草丛。展现在我眼前的竟是一株灿烂的小花，散发出淡淡的清香，很小，却很美，点缀着杂草丛，平添了几分景致。或许这是它的梦想，即使没有蝴蝶的青睐，即使风吹雨打，也要绽开笑脸，展现最美的自己。纵是花瓣飘落了一地，似乎还隐藏着笑靥。对于花，也许努力绽放是它们永恒的主题，而得到人们的赞美就是它们一生的追求吧。思量着，我惊叹！感动！

"零落成泥碾作尘，只有香如故。"花的生命终究是短暂的，花的一生值得吗？它还有遗憾吗？不！"落红不是无情物，化作春泥更护花。"花虽失去了昔日容颜，却成为下一朵花的养料，生命得以延续。此刻，我豁然开朗：并不是每一朵花开都是为了收获丰硕的果实，只要把美绽放，那就是无憾的人生；人亦如花：不管处境如何，都应该仰起笑脸积极面对。即使是风风雨雨，也要坚定自己的信念，追求自己的梦想，展现最真的自己，在有限的生命中留下美丽的痕迹。

夕阳无限好，虽然近黄昏，却孕育着美好明天。让我们一起绽放美丽人生吧！

那是一首歌

俞文青

母爱是一杯香醇的红茶,而父爱恰似一杯清新而淡雅的绿茶;母爱是一首叙事诗,而父爱恰似一首内敛而含蓄的抒情诗;母爱是一首热情的歌,而父爱恰似一首精致而舒畅的纯音乐……父爱这首歌,需要时间的沉淀来细致地聆听。

父亲的歌,以爱作词,以情谱曲,优雅的旋律萦绕在我的身边,呵护着我的成长。

那天早晨,只听见冷风"嗖嗖"地刮,就连老松树也屈服于这北风之下。闹钟响得刺耳,可我的眼睛却像涂了强力胶一样睁不开。

迷迷糊糊中似乎听见了脚步声。呵,那熟悉的、刻意放轻的脚步声,大概只有我细致的父亲才会做到吧!我的脑海中放映着他的动作:揭开电饭锅锅盖,把米饭和热水倒进去，插上插头。这就算给我烧了简单的早饭。怕我睡过头，他就慢慢走进我的房间，轻唤一声："起床啊？"

"我知道！"我不耐烦地说道。

我依稀看见他的身影，并不算高大的身躯因为寒冷显得有些蜷缩。或许听到我那不知感恩的言语，他心里会更冷！

我似乎清醒了许多，注视着他。他的鬓发略带银白，脸上爬上了几条浅浅的皱纹。父亲不算勤劳，我的早饭也很简单，比起有些家长，父亲所做的似乎太微不足道了。但他不顾这天寒地冻，一心一意只为我而辛苦。我突然被自责包围着，心疼地说："爸，你去睡吧！我自己会弄。"

"嗯！"他顿时轻松地点点头。

我有点儿毛手毛脚，弄出很大声响，而父亲不会责备我，只是静静地不打扰我……直到我离开家，他才安心地再眯一会儿。

那些片段仿佛一阵音乐，敲击着我的心灵。那天突然明白，即便是琐事，这么多年的父女情也足以让我感动得泪流成河。

父爱，那是一首歌，以爱作词，以情谱曲，以父为序，以我为题……

最美丽的风景

想念那半截直尺

黄江涛

在上学过程中发生过很多事,有高兴的,有伤心的,也有感动的、忧郁的,但却只有一件事让我至今难忘。

那是在一次考试时发生的事情。

那年秋季,我们学校要抽取学生参加县素质测试竞赛,没想到偏科严重的我竟然被抽中。

考试前夕,我做了十足的准备,我害怕考不好,为此在考试前的那天晚上,我还专门复习到十点多,这才稍稍有点儿底气。可能是紧张,也可能是睡得晚,第二天早上我竟然起来晚了。收拾东西时,因为匆忙,我居然忘记带考试要用的直尺了。坐在考场里,我心里很慌,没有直尺,考试时若有画图题该怎么办?用手吗?可老师严格要求过不用能手作图。

果然不出我的所料,在数学试卷的最后一道题中真要用到直尺。可我没有，怎么办？四周的人与我又素不相识，找他们借，他们会借给我吗？我不安地等着，不停地四下张望。终于还差几分钟考试就要结束的时候，我鼓起勇气对身旁的一个考生小声说："你的直尺借给我用一下可以吗？"那学生听后头也不抬，干脆地甩出两个字："不借！"

　　我窘迫极了，心想这下完了，最后一道大题可是10分啊。这时，坐在我前面的一个男生回身把他的直尺送了过来，我抬头伸颈一望，他也正准备做最后一道题。我又把直尺还给了他，说："你用吧。"他望望我，看了看直尺，突然"嘭"的一声把直尺折断了，给我一截，他自己留一段。于是，我们两个同时做起最后一道题来。

　　那次考试我的数学成绩考得很好，接近满分。可是直到今天我再也没见过那个学生，那个曾帮助我的人。但那半截直尺却永远地印刻在我的心里，留下温暖而深刻的回忆。

最美丽的风景

岳 轩

胜溪湖公园，天然与人工的结合，呈现出一道亮丽的风景，让人如痴如醉，流连忘返。

走进石门，第一眼见到的便是一座人工与天然结合的水立亭台。高高的木亭台坐落在水上，显得优雅美观；亭台上有十来个长凳，供游人休息；每几米距离就有几个台阶，台阶越来越低。亭台下，几块天然大石构成了一道水上浮石路，直通亭台下的空洞，湖水清澈见底。

绕过亭台，映入眼帘的是一片绿色。茂盛的树林，绿绿的草地，偶尔夹着几朵五颜六色的小花。树木高得直插云天，树叶茂密，仿佛能遮住整片天，一片绿色，让人赏心悦目，神清气爽，连旁边的小路也变得可爱起来。

顺着小路向前走，一座池塘便浮现在眼前。水是那么绿，绿得如同翡翠；水是那么清，清得一眼望到湖底。小鱼和小鸭悠闲自在地游来游去，荡起一圈圈波纹，白鸽在池塘上空自由地飞翔，有时还不忘停在木船上歇脚，与小鸭聊上几句。一切是那么和谐自然，让人舍不得去打扰。

　　从池塘边向东走，便会看到一座大桥矗立在湖面。湖面静得如一面明镜，有风起时也只是微波荡漾，大桥横跨如此宽的湖面，让人不禁肃然起敬。

　　走过桥，顺着林间小路，呈现出另一番景色。人们踩着用石子铺成的太极阴阳图，疏通脚步经脉。高高的墙上刻着太极拳的打法，吸引了许多观光的游客。

　　胜溪湖公园，吸引了来自五湖四海的游人，呈现了大自然的赞歌，这便是孝义最美丽的风景。

我的"避暑山庄"

于士荣

学校后面有个大操场。到了暑假,平时喧嚣的大操场就成了清静的操场,也成了我的"避暑山庄"。

夏日的午后,我信步来到"避暑山庄",走到几年前我们亲手栽植的白杨树下。这些白杨树现在已长成参天大树了,树干已有一抱粗了,树枝向上伸展开来,叶片在风中摇动,闪耀着一片片光亮。炎热到此却步,凉爽在此驻留,我享受到了书时下乘凉的清福!

寻一处浓荫,把报纸摊在软软的草地上,然后惬意地坐下,慢慢品读《唐诗三百首》。渐渐地,我就走进了那些诗人的世界里去了。读累了,就躺下来。呵,这才注意到,我的胳膊腿上,都沾满了草种子和花粉。我哑然失笑,这些野草闲花们也真是的,逮谁是谁啊,花粉都传到我胳膊上来了。哈哈,能成功嘛?还有,这么多的草种子也是的，粘到我腿上来，难道也能发芽呀？

闭上眼，感受夏日的温热，嗅到青草味的凉爽，啊，真是妙不可言啊！睁开眼，阳光从树叶的缝隙间闪到我面前来。好一个金色的阳光，天也真是蓝啊，高高的，远远的。能一个人就这样静静地躺在大地的胸膛上，树荫的凉爽里，花草们的簇拥间。噢，这滋味，怎一个"爽"字了得！

在这个繁花青草的天地之中，在这个闪耀着生命光彩的地方，一只只绿色的蚱蜢，都在悠闲地散步呢。你一抬手，呵，它就立刻消失得无影无踪。还有几只淡蓝色的小蜻蜓，正在草丛中曼舞，如果你片刻间静立，它或许会温柔地停在你的鼻尖上，这是一个美丽的误会啦。

傍晚时分，我要回家了。再见啦，你们这些多情的繁花青草们！你们的热情并没有枉费哟！因为在我内心世界里，花儿受粉了，草种子发芽了，而且很快绿成了一片……

噢！清静的后操场，青青的草场，我夏日里的"避暑山庄"，我爱你！

骑　马

兰杰华

这个暑假，我去了呼伦贝尔大草原，在那里，我有生以来第一次骑上了马背——那感觉，还真不好说！

一来到大草原，一想起影视剧里演的策马奔腾、纵横驰骋的场面，我就热血沸腾，仿佛自己已成为影视剧里的主人公，我再也按捺不住内心的激动，直接赶到马场。

我挑的是一匹红黑结合的骏马，它似乎很不愿意出门——人来牵它，它就撅两下蹄子，仿佛要把牵马的人踢走。见人还是不走，还想把它拉出去，它生气了：头一撇，把牙齿给露了出来，鼻孔里喷出两团热气，做出龇牙咧嘴的样子，妄想以此威胁马夫，让马夫放弃。马夫连哄带骂好一阵，马还是倔着不肯出门。见实在不行，马夫抡起鞭子就抽。在鞭子的威力下，马虽然挣扎了一下，但还是被硬牵了过来。

好不容易才把马牵了出来，看到如此不听指挥的马，我颤颤地问道："这马，能骑吗？"虽然马夫最后告诉我能骑，但我的心还是七上八下的：这马会不会把我甩下去呀？被甩下去了后我该怎么办啊？会有人来给我"收尸"吗？我越想越怕，最后干脆手一摆，撒腿就跑——不想骑，也不敢骑了！

当我正准备退缩时，脑中忽然想起了滑雪时妈妈教导我的画面。是啊，还没尝试，怎能退缩？男子汉，就要有男子汉的气概——不能害怕！说到男子汉，我又想起了那电视剧里策马奔腾的男主角——他们都不害怕，我怕什么？一瞬间，我的勇气又回来了，我的心也开始痒了：不要怂，就是骑！一定要把这匹马征服！

按照马夫交给自己的方法，我先踩住马鞍，再一个翻身，然后跨上去……然而却没有成功。最后，还是马夫连抱带推，才把我放到马背上去的。

刚坐上马背，我很紧张，双手紧紧抓住缰绳——生怕自己会一个不小心摔下来，更怕这匹烈马会"造反"，摇摆身子把我晃下去。我的担心不无道理，这马好不安分，不是时不时前蹄朝天猛地蹿起来，就是不停晃动身子——目的只有一个，那就是让我重心不稳，直接摔下去。幸好我平衡能力很好，加上我双手紧紧抓住缰绳，才让自己没摔下去。

随着马夫一声叫喝，这马开始很不情愿地迈开蹄子——开始走了！此时，我依旧提心吊胆，生怕这马会把我甩下去，更怕自己摔下去之后不知会出现什么样的后果……然而，走了一段之后，我才发现自己的担心纯属多余——Why？这马估计刚才被马夫打怕了，再也不敢乱来了。

看到马如此老老实实地朝前走，我很是高兴。可没高兴多久，我就发现自己的屁股有点儿不对劲了：一开始只是轻微的痛，越到后来越难受，到最后，仿佛屁股都不再是我的了——为什么？因为马背太硬，马一走动，马背上的你就像怒海上的小舟，一会儿抛上去，一会儿再落下来。一开始，还没什么感觉；久而久之，屁股上的微痛就转为剧痛——当马走完全程的时候，我的屁股已经麻了！

骑着马走了一程后，就是骑马跑了，呵呵，骑着马跑特带劲。如果说，骑着马走的你只是轻微跳动，那么骑着马跑的你就是飞起来了——那飞的感觉可真好！但是，快乐和痛苦就像一个硬币的正反面，痛苦往往会在快乐之后接踵而来。骑着马跑也是这样，当你享受完飞一般的感觉后，你立马就会体会到从天上掉到水泥板上的感觉——既然骑着马跑是在飞，那么飞完以后，自然就要降落了。可是这降落，并不像飞机降落那样有那么多的环节和过程，感觉就像是直接从天上摔下来！那感觉，不是一般人能体会到的，也不是一般人能忍的——这也正印证了那句被篡改的歌词：我要飞得更高，还要摔得更惨……

骑马前以为很爽，骑完之后才知道，其实骑马并没有想象中的那么"美"——任何事也一样，在还没有尝试、体验之前，不能先下定论，也不能想象得太过美好，因为事实和你的期望往往会有差距，有时差距还很大。

成长的滋味

闫明琪

> 时间的年轮已悄然转过了十个春秋，蓦然回首，心灵的历程犹如一条小溪，流淌过鲜花环绕的小径，也遭受过飞沙走石的阻挡。我在不知不觉中成长……
>
> ——题记

光阴似箭，岁月如梭，似水般的流年诠释着成长的含义。而人生的旅途中，如同打翻了岁月的五味瓶，使我细细地品尝着其中的滋味。对我而言，酸甜苦辣咸，样样都有。

不再是那个吵着要妈妈讲故事的小女孩，不再会为了一个芭比娃娃大哭大闹，而是常常看到镜子里脱去稚气外衣的自己，想着如何能不再让爸爸妈妈为我太操心受累。

成长的滋味是理解。

不再像以前一样摇着小脑袋童声童气地唱儿歌童谣了,却常常被《二泉映月》感动得泪如雨下,体会着盲人阿炳留给我的悲凉哀伤的人生思考。

成长的滋味是感悟人生。

不再在作业本中故意写几个错别字来考察老师的眼力,却常常对老师花白的发丝、额上的皱纹以及沾满粉笔灰的手指充满感激。老师谆谆的教导和不倦的帮助让我对"春蚕到死丝方尽,蜡炬成灰泪始干"有了更深的理解。于是便有了勤能补拙、忘身书海、埋头苦读、用功到天亮的刻苦。

成长的滋味是感恩报答。

不再为一件小事和同学争得面红耳赤,不再会和伙伴一起傻傻地做着浪漫的公主梦,却常常会在夜深人静时,品一杯冒着热气的浓茶,看着深蓝的天空,让浮躁的心归于平静,在月色下,数着星星,抱着梦想入睡。

成长的滋味是成熟。

成长是地上的一棵小树苗渴望长成参天大树。

成长是江河中的一条鱼儿渴望跃过龙门,遨游沧海。

成长是天空中的一只小鸟渴望高高地自由飞翔,云海任由搏击。

走过成长的岁月,尝过旅程中的酸甜苦辣,我们将走向成熟。真正地成长,是思想上的成熟。

茶香芬芳

谢敏婷

望着精灵般的茶叶在热水中翻滚,一缕缕芳香从烟雾缭绕的热气中散发出来,沁人心脾,我的心灵触动了,这,不是母爱的芳香吗?

夜,很静,很静。我坐在书桌前,淡黄的灯晕照在试卷上,窗外,灯陆陆续续地灭了,只有几盏灯还亮着,也许还有母亲在等待着游子归来,或者还有像儿子这样的学子在埋头苦读。

灯亮了,又灭了,我房间的灯依然亮着。

月,很圆,很圆。皎洁的月光轻洒在大地上,透过窗,直泻在我的身上,外面如"庭下如积水空明,水中藻荇交横"。

房门开了,妈妈挪动着脚步,一步一步地向我走来,那脚步轻轻的,悄悄的……妈妈走到了我的身边,底下身，对我说："孩子，早点儿睡吧，不要把自己累垮了。"

正在绞尽脑汁的我，正对着习题发愁，刚想出了一点儿头绪，无疑被妈妈突如其来的话吓跑了，我不耐烦了，说道："要睡了，你自己去睡了，没看到我忙着。"妈妈怔了一会儿，挪动着轻碎的脚步走开了，那脚步声越来越远……

那脚步声如重重的铁锤打在我的心上，愈来愈痛，我不禁问道："妈妈如此关爱我，我怎么这样对她？"

我听到那脚步又响起了，只是她更轻、更静，妈妈拿着一杯冒着腾腾热气的茶放在我的桌面上，刚要离开，我再也忍不住了，愧疚地说："妈，刚才我……"

妈妈微微一笑："孩子，妈不怪你，只要尽力了就行。"茶香散发出茶杯，轻啜一口，沁人心脾，我的心灵触动了，这，不就是母爱吗？

"人也一样，只有经过大大小小的挫折，才能散发出生命的芳香……"这句话又在耳边响起。

我这个季节

许琳哪

> 我走，我停，我观，我悟。在秋这个季节。
> ——题记

我走啊走，在秋天的葡萄面前。

深秋的葡萄像含冤的眼睛，虽然被秋霜凌辱，却依旧鲜亮，晶莹剔透，闪着不肯谢幕的光。

我走啊走，在秋天的阳光面前。

阳光不再蹦蹦跳跳，像个顽皮的孩子一下子变成了少年，一下子就有了心事。阳光开始为那些在秋天哀愁着的人工作了，为他们摊开伤心的绿，晾晒着寂寞的红。

我走啊走，在秋天的流水面前。

秋时的流水是浩渺的。她总是一大波一大波地流，像是要尽快将肚子苦水吐干净似的。但她又从不"哗哗"地响,就只是流,安静地流。

我走啊走,在秋天的雨丝面前。

雨变成了雨丝,冷飕飕的清凉入骨。从夏天的轰轰烈烈一下子变成"愁永昼",她也是哀怨的,就淅淅沥沥个不停。她又不如春那般缠绵,她是拖延,每一根她都极其小心,慢慢,慢慢的。

我走啊走,在秋天的天空面前。

天是惨淡的,凄惨,他是"薄雾浓云",时常还乌压压一片,当然,更多时候他是白色,或加几朵云用来装饰,倒不如说是遮掩吧,他是让人捉摸不透的,喜怒从不轻易显现。

我走啊走,在秋天的人面前。

秋天不得不说是个打盹的好季节,人们在秋天比夏天更容易犯困!睡后的人是极容易与秋景融为一体的。他们已然融为了一体!人是秋景,秋景含人。几夜萧萧雨,湿尽檐花,花底人无语。

静夜半,歌声妖娆,茶叶在杯中起浮,呷一口清茶,捧一卷唐诗宋词,走过千年的哀愁,秋这个季节,最是朦胧,笼着光晕。

原来没那么简单

周静雅

老妈喜欢尝试，尝试生活中她不曾有过的、不曾经历过的所有事情。最近，她在尝试做面包。

看着一件件搬进家里的新玩意儿：面包机、擀面杖、案板……再想一想我对美食的绝对偏好，星期日，做完作业后，我马上夺过老妈手里的厨具，接手她将要完成的任务。

我随意地瞥了一眼说明书，然后装作十分老练的模样，往面包机里加入面粉和水，尽管还是洒出来一点儿，但看到我像模像样的动作后老妈微笑着离开了。

处理完洒出来的东西，我严格按照说明书上标注的用量、时间、温度进行了一系列调节工作，随后，在"轰隆隆"的声响中，面包机开始工作了，我一脸兴奋地宣布我即将大功告成。正当全家准备大肆庆祝的时候，厨房内突然传来一声通天巨响，吓得我立刻趴到地上。还是老爸比较镇定，他迅速冲进厨房，先把插头拔掉，再用家用灭火器对着冒着白烟的面包机，恨不得把其中的二氧化碳全部倾泻上去。后经调查，原来是我的酵母放太多了，又因为盖子盖得太紧，就发生了危险的一幕。看着溅得到处都是的面糊，我摸着脑门儿，十分尴尬。幸好，面包机没有受到什么损害，我迫不及待地试了一下，嘿，可以继续工作，在征得爸爸妈妈同意后我又开始了我的尝试。

这一次，我严格控制酵母的用量，防止厨房内"面花四溅"，当一切准备妥当后，我再次披挂上阵。尽管进行了细心的检查，但我还是战战兢兢，再次按下启动键后，我便捂着耳朵躲进了相隔厨房至少有十米的卧室，奇怪的是，这次并没有发生任何异常，而是听到代表已经完成的一声"叮"。

"老爸，老妈，快出来欣赏我的大作！"我顿时喜出望外，一边嚷嚷着一边奔向厨房，查看我的战果。正当全家拿起刀叉果酱准备品尝的时候，我失望地发现，我做出来的面包像发糕一样多孔蓬松，细尝还有发酵的酸味，并不十分可口。

当我一边抱怨一边打算用自己传奇的"领悟"再一次放手一搏时，老妈拦住了我："别闹了，先好好研究一下具体的方法再去尝试吧。"尽管有点儿不情愿，但这一"炸"一"松"的教训的确深刻，我开始上网查看别人的博客，并向老妈的一个同事进行了咨询。

　　第二天，我严格按照规定的规程及老妈同事向我传授的秘诀，又做了一次，可想而知，这次是绝对地成功。再后来，我不仅成功做成了普通面包，就连中式点心、烤肉、饼干等也一气呵成。看着满桌的"作品"，老妈拍着我的头，意味深长地说道："一切的成功，哪怕是一件很小的事情，其实并没那么简单。"我深有同感地点点头。

"沙场战记"

宋 佳

"敢不敢跟我杀一盘？"爸爸向我挑战，我毫不在乎地说："来，我才不怕呢！"摆好棋盘，爸爸的"炮"第一个冲锋陷阵，开进了我的地盘，紧接着"站"在"兵"前面。爸爸不紧不慢地喊："将军。你想不开，也不要自寻短见呀！"我轻笑一声，"兵"昂首挺胸地向前迈了一步，把"炮"踢出"战场"。爸爸立刻着急起来："哎呀呀，我今天怎么如此冒失？"过了一会儿，明修栈道，暗度陈仓，他使了一招"偷车将"。可怜的"车"，你真苦命呀！我一定要替你报仇！

"快呀！"爸爸得意地催我。哼，咱们走着瞧！我极不情愿地把"将"向前挪一步，"哈哈！你输定了！"自以为胜券在握的爸爸指挥着他的"车"，横冲直撞，完全不把我放在眼里，却一不小心落进了我的"马"口。爸爸立刻像泄了气的皮球，软绵绵地趴在桌子上。"不要灰心嘛，胜败乃兵家之常事，要不，我让你一子吧！"激将法果然奏效，爸爸瞪大眼睛说："我岂能输给一个黄毛丫头？看我怎样收拾你！"他连续向我猛攻，不过，我处处设防，小心应付，逐步取得了主动权。最后，爸爸终因寡不敌众，宣告无条件"投降"。

由于第一局吃了大亏，第二局开始的爸爸走棋显得特别小心。我士气正旺，下手毫不手软，经过几十个回合的较量，他被我杀得落花流水，溃不成军。眼看胜利就要到手，我优哉游哉地直乐。爸爸咬紧牙关，额头沁出了细细的汗珠。忽然，他抹了一把汗说："将！"定睛一瞧，我那可怜的"老将"竟成了瓮中之鳖，想逃都逃不了了。唉，"大意失荆州"啊！爸爸笑着说："姜还是老的辣吧！""可是辣椒还是小的辣呀！"爸爸用手轻轻点了一下我的额头："你这小丫头，还敢和你爸强词夺理！"

"大师们，是吃'车'还是吃鸡呀？"妈妈双手叉着腰，假装生气地说。我和爸爸你看看我，我看看你，立刻收拢棋盘，走到餐桌前抓起红烧鸡狼吞虎咽地吃了起来，妈妈在一旁看着，甜甜地笑了……

埋"地雷"

蒋　欣

平时，我和哥哥随着爸爸一起住。每逢周末，妈妈才从公司回家和我们团聚。

一个星期日的晚上，和往常一样，妈妈为我们做了许多菜：红烧肉、清蒸鱼、水煮虾、炒青椒，当然少不了我们兄弟俩最爱吃的荷包蛋。

我们俩欢欢喜喜地坐到餐桌边，等着爸爸妈妈一起共进晚餐。妈妈走过来，抚摸着我们的头，亲昵地说："孩子们，你们饿了，先吃吧！拣自己喜欢的多吃点儿。"这时，爸爸往我们碗里堆了许多菜，还给我们每人夹了一个荷包蛋。我看看哥哥，哥哥也看看我，我们不由得笑了。

可能是排骨汤煮沸了，爸爸离开桌，快步朝厨房里跑去。我灵机一动，计上心来，趴到哥哥耳边悄悄地说："哥哥，我们来埋'地雷'好吗？"哥哥听了，会意地点了点头。趁妈妈不注意,我迅速将荷包蛋藏在爸爸的饭碗里,上面用米饭盖住……妈妈似乎发现了什么,连忙问:"你们在嘀咕些什么?饭菜都凉了,快吃吧!"我歪着脑袋,眯着眼睛,狡黠地说:"这是'军事秘密'……"

爸爸端着热气腾腾的排骨汤走过来,小心翼翼地把汤碗放到桌子正中间,笑着说:"菜齐了。来,尝尝我做的排骨汤!"他一边说一边端起饭碗,大口大口地扒起饭来。这时,我俩不约而同地盯着爸爸,心里怦怦直跳,等待着"地雷"的突然"爆炸"。

爸爸吃着吃着,终于咬到了埋藏在碗底的荷包蛋。"哟,谁干的好事?"他惊叫起来。话音刚落,我俩欣喜若狂地叫起来:"'地雷'爆炸了!'地雷'爆炸了!"

蛋黄顺着爸爸的嘴角流了下来,他不知所措地推着我的肘部说:"快,毛巾!毛巾!"妈妈见了,抿着嘴直笑。我离开了饭桌,笑得连腰都直不起来了。幸福的笑声溢满我家的小屋……

我爱你，校园

蒋辛曼

当一层层蒙眬的白纱带着满怀的留恋散去的时候，当晨曦带着清新降临到人间，整个校园一片清新明亮。青翠的树叶像一块块无瑕的翡翠，在阳光的照耀下闪闪发光，晶莹的露珠像珍珠粒一般在上面滚来滚去，像个调皮的小宝贝，好不自在！

走进校园的大门，扑入眼帘的是一座巨大的孔子雕像。孔子神情严肃，双眼凝视着远方。在孔子的脖子上，挂着一条鲜艳的大红领巾，好像在对来往的少先队员说："欢迎你们来到温师附小！"真是有趣极了！在孔子的脚下，摆着一本厚厚的石头书。我仔细地阅读书上的内容，觉得迷惑不解：这是什么字啊？这时，我耳边仿佛响起孔子浑厚的声音："孩子，只有知识渊博的人才能读懂这本书。你想读懂它吗？请好好学习，天天向上吧！我会盯着你的哟！"

再往里走，是一片宁静祥和的竹海。一根根竹子好似一个个身姿挺拔的士兵保护着校园，在竹海周围是一片生机勃勃的百花园。花姑娘们各自梳妆打扮，为接下来的"花王争夺赛"做准备呢！你看，杜鹃花伸展枝条，腰肢更柔软了；牡丹花张开叶片，接受阳光的沐浴，变得又大又艳；百合花放声歌唱，一首首美妙的歌曲在耳边回旋……一朵朵花争奇斗艳，鲜艳馥郁，犹如仙女下凡！

在竹海的左边，有一组以"哺育"为主题的雕像。只见鹿妈妈弯下脖子，深情地哺育着鹿宝宝。鹿宝宝则伸长脖子嗷嗷待哺。而在右边，是一组"牧童骑黄牛"的雕像：两个小牧童骑着黄牛漫步林间，一不小心，其中一个胖牧童滑下牛背。幸亏他机灵，抓住了瘦牧童的脚。每次看到这组雕像，我都会情不自禁想起："牧童骑黄牛，歌声震林樾。意欲捕鸣蝉，忽然闭口立。"

"丁零零，丁零零……"呀，下课铃响了。同学们争先恐后地奔向操场。不一会儿，操场上就变得人山人海了！霎时，操场上同学们的欢呼声淹没了整个校园。有的同学在跳绳、有的同学在打篮球、有的同学在踢足球、有的同学在打乒乓球、有的同学在打羽毛球、还有的同学在打排球……所有的人都玩得不亦乐乎，满头大汗，气喘吁吁，上气不接下气！

这就是我的学校，我爱我们的校园！

家有"守财奴"

杨　畅

我妈是个会计，而且是个会计中的战斗机！她，总是那么地精！打！细！算！

老妈对数字特别敏感，算起账来和计算机一样精确。她不但自己有记账的习惯，还要求我们把日常开销都记录下来。

周末，老妈拿着百元大钞，让我和姐姐去超市买零食。我们一回家，她就开始盘问："杨小畅呀，你买个小吃就花掉了我六十九块一毛两分？来说说，你这钱都花哪儿去了？""呃，我就知道会这样。"我嘀咕了一声，然后像背诗一样，响亮又认真地"背诵"道："鸭翅8包，消费24.8元；小排骨6包，15.12元；QQ糖2袋，消费4元……""你来说说，如果你少买一包鸭翅会带多少钱回来？""72.22元。"我脱口而出。

你们一定很好奇：我为什么不拿小票都能记得这么清

楚？唉！还不是因为我从小就被会计老妈培养出了记数字的好习惯。如果我记不住这些数字，或者不能快速地回答她的各种提问，那下周就别想去超市买零食了。作为吃货的我，只好练出了这分毫不差的本领。老妈时常自夸，说我口算的精确和速度都是她培养的。哼，也算吧。

　　朋友们都说，会计是手握金钥匙的工作，可老妈在我眼里却是个"守财奴"。你别以为她包里会有一大沓百元大钞，她把钱都存在理财平台上。用她的话说，赚一分也是爱！唉，有这么一个会精打细算的老妈，我们全家的钱包都是瘪瘪的。

　　前几天，她又让我把压岁钱存在她那儿。我非常抗拒，总觉得她把我的钱骗她口袋里去了。而且呀，这钱进去容易出来难。我以前的压岁钱、稿费什么的都存在她那儿，想自由支配，简直是没门！我早就想好了，今年的压岁钱我要自己存银行。老妈见我态度坚决，就打开APP和我算起账来："杨小畅，你别以为我把你的钱都花了，我在帮你理财呢！钱生钱懂不懂？你的压岁钱加上稿费一共是23120元的本金，在你老妈这样的理财高手手里，已经赚了2134元的利息了。如果你把今年的压岁钱再存进去，利息就够你吃好几次必胜客了。"我一听"必胜客"三个字，就乖乖地把钱掏了出来，等缓过神来，才惊呼上当了。钱进了"守财奴"的口袋，真想拿出来花，她一定会说："一天两三块钱的利息呢！坐公交车的钱都赚回来了。"

　　唉！家有"守财奴"，是悲还是喜啊？

可爱吃货

葛 杨

"民以食为天",这话一点儿不错。我身边就有着一位把吃看成比天还大的事的人。她,鸡腿是用啃的,可乐是用灌的,面包是用吞的,棒冰是用咽的……在她的世界里,"幸福"与"吃"就是一行完美的等式。

她是我的室友,名叫蔡云霓,我们都亲切地称她"小霓子"。她可是个"萌妹子"哦。乌黑亮丽的头发,水汪汪的眼睛,高高的鼻梁,瘦削的脸庞,一笑起来简直可以萌化你的心。在我眼里,她可是位永远长不大的小姑娘呢。

别看她是个"萌妹子",其实她的内心也有狂野的一面。这事还必须从上个周末我和她一起逛马路说起……

那天晚上,秋风爽爽的,月色亮亮的,我和小霓子走在宁静的夜色中,愉快地聊着天。突然,一位同学骑着电动车与我们擦肩而过,还跟我们打了声招呼。小霓子反应过来后,立马放声大喊:"停车!带我回宿舍!"那电动车很小,最多只能载两人。我心想:小霓子一定是开玩笑的,她总不会抛下我一个人吧。谁知道,那同学停了车,小霓子便小跑过去。我一怔——这个没义气的家伙,想留下我孤家寡人呀!

眼看小霓子就要上车了,我突然发现前方有家烧烤店。我灵光一现:哼!

我故意提高嗓门儿:"可惜啊,本来打算请你吃烧烤的……既然这样,我只好一个人边赏月边吃烧烤啦……"小霓子那驴耳朵的听觉真灵敏,"呼"地掉过头来,两眼放着绿光,连忙"招呼"那位同学离开,以迅雷不及掩耳之势窜到了我面前,摇摇我的手臂,说:"'狗狗',走吧,再不去人家就关门了。"然后,还没等到我发话,就拖着我的手臂向前跑去。

我好不容易挣脱开她的"魔爪",边喘气边说:"急什么啊,等我看看身上有多少钱再说。"我两手依次把身上的口袋都摸了个遍,无可奈何摇头叹息:"唉,钱没了……"只见小霓子眼中的绿光瞬间消失,半信半疑地盯着我,幽幽地说:"不会吧?你再找找!"说着,亲自动手,把我的口袋都翻了个底朝天。看着她那滑稽的模样,我忍不住爆笑起来。小霓子抬头看看我,满脸诧异:"你,没忘了吃药吧?"我不在意地翻翻眼:"我知道我确实没带钱。谁让你不讲义气的,我这是'以其人之道还治其人之身',哈哈哈!"小霓子一听,伤心欲绝啊:"可怜我苦苦一生,连好姐妹都要欺负我呀……"

这就是我的室友小霓子。虽然是个吃货,但很可爱,不是吗?让我们一起和她"萌萌哒"吧!

车　　站

夏鸣卿

　　一个阴雨霏霏的日子，得知外公病重，母亲连忙带我到长途车站坐车回老家看望外公。

　　到了长途车站，四处无人，空荡荡的站台只回荡着母亲与外婆的通话声。凛冽的寒风，淅淅沥沥的小雨打在脸上，让人瑟瑟发抖。这时，我看见一旁有位老人躺在地上。

　　我走上前去，原来是他从台阶上摔了下来，手肘和膝盖蹭破了皮，流出血来，血水交融。老人穿的棉衣也破了几个大洞，粗糙的皮肤暴露在这寒风中，变得红肿。他的脸上已没了红润，苍白而无力，嘴唇控制不住地颤抖着。他看见我，想要求救，却只发出阵阵呻吟声。

　　我正想上前帮他，母亲却在后面一把拉住我，说："别多管闲事了，车子马上就要来了。这里没人还没有摄像头，他讹咱怎么办啊？""可这样他有可能会冻死啊？""不要管他了，总归会有路人来的。""可这也是一条生命啊，你十分关注外公的安危，那你怎么就不关心一下这位老人呢？""管好你自己吧，反正我说什么也不会同意的。"

我看着老人布满血丝的眼睛，充满了无助和对生的渴望，不禁想去帮他。可当我想到最近发生的多起老人讹诈路人的事情，又收回了伸出的手，往后退了几步。我挣扎着，思索着，不知所措，是扶，还是不扶，各有各的道理。这社会怎么变成这样了呢？想起小时候，听外公讲他摔倒后，好心人帮忙的事，可现在我看到了摔倒的人却要三思而行，外公知道了会有什么想法呢？也许这就是人性吧，内心深处是善，脑海里是恶，善恶相加，才是人，没有绝对的善，也没有绝对的恶。

我矛盾了一番，最终决定追寻自己的内心，走上前去，拉住他的手，用力将他拉了起来。老人刚走了几步路，又一个踉跄，我连忙搀住他，扶着他坐到一旁的座位上。我又递给他一瓶水。过了一会儿，老人缓过神来，十分激动地握住我的手，说："谢谢你，孩子。要是没有你，我估计就要死在这荒无人烟的地方了。谢谢你。"母亲见到老人没有讹我的意思，深锁的眉头也舒展起来。

一个小小的车站见证着许许多多的故事，也让我坚信：人间自有真情在。

正月送祝福

罗春梅

在我的家乡,每年从正月初五开始,人们便会给每家每户送福。送福的清晨,人们早早地从睡梦中醒来,特别是小孩子。我当然也不例外,一大早就起来和妹妹帮妈妈做接福的准备。我们把凳子放在家门口,上面摆放着水果和干果,还有准备接福的红蜡烛、香火、鞭炮以及红包。妈妈说这红包是给送福的队伍的。我疑惑地问:"那要给多少钱呢?"妈妈告诉我:"封的钱越多越顺心!我们乡下人家尽心尽意就好,各方神爷定会保佑的。"我听了似懂非懂,只盼着快点儿看到那热闹的场面。

我和妹妹时不时地跑到马路上,踮起脚张望。突然,不远处隐隐约约传来唢呐和锣鼓的声响。我和妹妹飞奔到马路上一看,送福的队伍真的来了!我们开心地欢呼起来!浩浩荡荡的队伍越来越近,前面是年轻力壮的青年抬着关公、财神爷等神像，中间是一群小孩儿举着旗子、灯笼，后面是敲锣打鼓吹唢呐放鞭炮的。妈妈立马点燃红蜡烛和香火。

　　送福的队伍到我家门口，就把神像放下。妈妈满脸笑容地放起鞭炮，"噼噼啪啪，噼噼啪啪——"我想，这就是接福吧。接着，妈妈热情地招待送福的队伍："请喝茶！随便吃点儿果子！"他们满脸喜色，纷纷说道："新年快乐！大吉大利！心想事成！……"我家门前围满了人，小孩子对着威严的神像，看看这个，瞧瞧那个。送福的人们喝着热茶，吃着糖果，好不热闹！过了一会儿，妈妈拿出红包说："这是我家的一点儿心意……"送福的人接过红包，又说了好多吉利的话。

　　接福完毕，队伍又挨家挨户地去送福。我们小孩子一蹦一跳，跟在队伍后面看热闹。

　　人们年年送福，家家户户年年接福，这已成为我们家乡春节的一种风俗。

漂亮阿姨

林静姝

妈妈出差回来了,得去火车站接她。时间紧急,我拿上市民卡就出门了。

进入地铁一看,我晕场了:"人""从""众"……摩肩接踵。天!今天赶上什么好日子了,人这么多?座位?想都别想,能有个立身之地已经非常不易了。

"哪来的野孩子,踩到我的鞋还不道歉?有没有点儿素质啊?学校老师没教过你啊?一点儿礼貌都没有,一点儿家教都没有!野孩子就是野孩子。"哎呀,不好,踩到人了!貌似踩得还不轻。

"阿姨,对不起啊!我,我……我不是故意的。"慌乱中,我嗫嚅。"对不起,有什么用?今天是碰到什么事了?一天的心情,都被你给破坏了!"她侧着身子朝我凶,唾沫星子喷了我一脸。

阿姨如果不生气，还是挺漂亮的：虽说眼角有几条鱼尾纹，可头发被精心盘着，一丝不苟地盘在脑后；身穿今年较流行的红色休闲风衣；指着我的那个纤长手指，不单涂了指甲油，还嵌着一小串闪闪发光的钻石；脚蹬一双黑色尖头高跟鞋。很可惜，鞋面上有一小撮黄色泥巴……唉，刚被我穿着在泥地上运动的鞋，我都没来得及换。

阿姨可能也感觉到我在看她，又"啪啪啪"射来一长串唾沫星："这鞋，一千五百多呢！你看这皮！它可是我女儿从香港带回来的。你再看看被你给弄成什么样了，你说怎么办吧。"怎么办呢，我？赔是赔不起，这么昂贵的鞋……打个电话，请求妈妈支援吧！手往口袋里一摸：糟糕，手机也没带！

怎么办？能怎么办？还是帮阿姨擦擦吧！周围的乘客依旧不停地挤着搡着。我掏出餐巾纸，挣扎着想蹲下。这时，一双手拉住了我："这位同志，地铁这么挤，免不了被踩到脚。得饶人处且饶人，好不好？怎么说她都是个孩子啊。"

"你这说得什么话？我有什么错？这野孩子踩坏我的鞋，没叫她赔就便宜她了！擦擦怎么啦？"阿姨把侧向我的头一抬，摆出要大吵一场的架势。

"可人家孩子也不是有意的啊！她已经和你道过歉了，不是吗？这么斤斤计较，至于嘛？你就没踩过别人？可别怪我没提醒你哦，这么挤，鞋踩脏了不要紧，孩子蹲下若被踩坏了，你可要吃不了兜着走。"

听声音，帮我的这人，也是个阿姨。我艰难地侧过脸，确实这阿姨也很漂亮：长发披肩，黑色套裙，彩虹式小丝巾的映衬下，双眼闪闪有光，像夜空中最亮的星。最吸引我的，其实还是她嘴角的那抹笑容，大气、自信，有积淀。

也不知是不是当真良心发现，还是被这阿姨的最后一句给震住了，早前那阿姨从鼻子里"哼"了一声，就别过脸去，再不吭声。

两位阿姨，一样的漂亮。可漂亮与漂亮之间的差距咋这么大呢？接下来的地铁时光，我都在琢磨这个问题。

哈喽，女足

王 景

校女足比赛正在进行。

起风了，穿着单薄的我们在瑟瑟发抖。上场后，看到对方那么强悍，我就好比见到饿狼的小白兔，双脚发软，但观众席上的同学们都在为我们呐喊加油，我怎么好意思临阵脱逃呢！

对手好像都不怕冷，马上在场地上跑出了架势，我们只好紧紧地跟着她们的进攻队员。一个华丽的传球，对方后卫竟然把球从我队两个后卫的中间空档传了过去，对方前锋直接带球向前冲了过来。我心想：妈呀，单刀球啊，开场才几分钟啊！我们望着球无能为力，只能把希望寄托在门将胡文涵身上。

不妙，射门了！

不过，胡文涵像平常训练一样，勇敢地扑了过去。还好，对方的力度不大，球被她抱住了！

真是有惊无险。全场响起了一片欢呼:"文涵!加油!文涵!加油!"我跑过去拍了一下她的肩膀:"好样的!"队员们纷纷向她竖起了大拇指。

也许是她鼓舞了我们的士气,我们互相喊叫着、鼓励着。我精神紧绷,已感觉不到一丝寒冷,浑身充满了斗志。心雅带着球往对手禁区那边跑,一不小心,球往边线滚去。"王景,快!"郑老师在边上喊道。

我奋力追去,我能感觉到所有人的目光都落在我身上,他们跟我一样紧张。我碰到了球,用力往回一扣,再一脚,球往禁区前沿飞去。婷瑶正好赶上,看准球门,用力一脚,球进了!

"耶!"我们班的观众席都沸腾了!

我助攻了一个!我跑到婷瑶面前,击掌庆祝。

接着,裁判吹响哨子,又开球了。我们两队队员一窝蜂地冲向球,人仰马翻好不混乱。我被绊倒了,没感觉到疼痛反而感觉身下软软的,像是坐到了谁的身上。

"王景!快下来!"队长少珍冲我大叫。

"球来了!"不知是谁喊了一声,我顾不上队长,赶紧起身将球踢开。慌乱中我随便一踢,球又被婷瑶抢到了。她带球狂奔,一脚怒射,球又进了!"耶!"欢呼声更加响亮了。进攻、防守、再进攻,对手完全丧失了斗志,我们又进了三个球。

"5:0!"我们的欢呼声在空中飘扬。一阵风拂过耳边,好像在说:"哈喽,女足!"

火车晚点让我忧

林笑语

"丁零零——"在闹钟响起的第一时间,我就从床上一蹦而起。平时,我觉得闹钟的声音既讨厌又刺耳,可今天,我却觉得它格外亲切,因为,今天我要到襄阳火车站接从深圳回来的妹妹!

到了火车站,我以百米冲刺的速度奔到出站口。妈妈说:"再过十几分钟妹妹就要下火车了。"我高兴得手舞足蹈。我在出站口的电子显示屏上寻找着Z230次列车的信息,突然,我看到Z230次列车的到站时间一栏显示着"晚点1小时23分"。唉!我垂头丧气地望着出站口,心情降到了冰点。

妈妈无奈地坐在旁边玩着手机,我则一边在出站口踱来踱去,一边专心地听着车站广播的通知:"×××次列车就要到站了,请做好接车准备。"每次广播一响,我就会迅速跑到出站口四处张望。虽然我知道妹妹不会从这列火车上下来，可我还是情不自禁，希望能发生奇迹。看着出站口的铁门开了关，关了开，我真想让时间过得快一点，再快一点儿，再快一点儿。

终于，广播里又传来了优美的声音："Z230次列车就要进站了，请做好接车准备。"那一刻，我觉得这简直是世界上最美妙的声音！看到列车员打开出站口的大门，我的一颗心激动得都要蹦到嗓子眼儿了。我屏息凝视着出站口，希望能快点儿看到妹妹。

不一会儿，成群结队的旅客朝出站口涌来。人太多，我又不够高，看到的全是脖子。急切地想见到妹妹的我把淑女形象全抛到了九霄云外，我稍稍下蹲，然后使劲儿向上一跳，把所有的脸尽收眼底。哈哈！妹妹的身影出现了！我兴奋地扯着嗓子大喊："朵朵！朵朵！"顿时，周围的人都朝我看来，我的脸"唰"地一下红了。

终于接到妹妹了！我紧紧地拉着妹妹的小手，生怕火车再把她载到别的地方去。虽然火车晚点让我等了一个多小时，但一想到暑假有这个小家伙陪我玩，我的心里还是美滋滋的！

窗内，窗外

公交车上的温情

冯 云

一天，在下午的特长班下课后，我朝319路公交车奔去，今天是糖球会，人很多很拥挤，我费力地挤上公交车，后面的人突然一挤，我一不小心一个踉跄就向前倾去。突然一双温暖的手扶住了我，是公交车司机："小心一点儿，别摔倒了。"她笑了笑，柔声地提示我。我连忙朝她道谢，然后站到旁边的位置开始细细地端详着她，她扎着马尾辫，身穿一套蓝色的工作服，又带着一双粉色的套袖，显得格外亲切。

就在她坐回位置准备启动公交车的时候，从后视镜上出现了一位挂着拐杖的老人，他急切地迈着步子，拐棍戳着地面发出急促的"咚咚"声，女司机赶忙停下车来，等着那位老人上车；那老人早已经累得气喘吁吁，快要走不动路了，迈出的步子也小了许多，终于他停下来了，一手掐着腰，一手扶着拐杖在那儿大口大口地喘气，不知是哪个人喊了一声："大爷，我过来扶您吧。"车上一下子沸腾起来，有两三个男青年下车扶着老人，一步一步地走向公交车，当老人迈上台阶的时候，女司机一边搀扶着老人一边说："您别着急，不打紧。"终于老人上车了，有几位学生赶紧让位示意老人过去坐。老人不停地说谢谢，还感慨道："如果像你们这样的好心人再多一点儿，这个社会的风气会更好。"

"开车了，注意扶好把手，别摔倒了。"在女司机的温馨提示下，车子开始发动起来，载着车厢里满满的温情向前驶去。

其实，做好事并不难，关键在于你是否有一颗乐于助人的心，因为身边有更多的人在不断传递着正能量，所以才会有这种人与人之间互敬互爱的温馨场面。

外婆家的老相册

张可雨

要去住新房子了,外婆在整理要搬的物品。突然外婆神秘地说:"给你看样东西,你准没见过。"是什么呀?我的好奇心一下子被勾了起来。只见外婆从柜子里捧出一本厚厚的相册递给我。"不就是照片吗?谁没见过?"我一边嘟囔着,一边随手翻开了相册。

一张张泛黄的老照片映入我的眼帘。除了少数几张彩照外,大部分都是黑白照。这些照片我还真没见过,上面的这些人都是谁呀?我把疑惑的目光投向了外婆。外婆心领神会,笑眯眯地说:"你仔细看看,看能猜出多少?"于是,我随手拿了一张照片,仔细辨认起来。照片拍的是公园的一角,在鲜花丛中,一个年轻漂亮的阿姨,怀抱一个粉嘟嘟,可爱的小婴儿,在阳光下笑得那么灿烂。"这小婴儿肯定是我吧,但这个阿姨是谁呀?我怎么从来没见过？"外婆笑得前仰后合，用手点着我的小脑袋说："小傻瓜，这个'阿姨'现在就站在你面前呢！"啊？我大吃一惊，原来她是当年的外婆呀！那这个小婴儿就不是我喽！外婆笑着揭开了谜底："当然不是你，那是你妈妈呀！""哈哈！"我看着照片，禁不住笑出声来。原来外婆曾经那么年轻漂亮过，妈妈也曾经年幼过。一张老照片把时光定格在了当年的那一瞬间。

我一张张地往后翻，找到了穿着西装，打着领带的新郎外公，五六岁时上台表演木偶戏的妈妈，还有我那从未见过面的太外婆……

合上相册，外婆的眼角泛着泪光，她用手轻轻地抚摸着相册的封面，哽咽地说："这可是我们家的宝贝呢！要搬新家了，我可舍不得丢下它，就算东西再多，我也要把它带到新房子里去。"

我知道了，这不仅仅是一本相册，更是我们家的历史，它承载着外婆外公满满的回忆和思念。多么珍贵的老相册啊！

我当理发师

张静怡

从小我就想当一名理发师,这个周末,终于有机会亲身体验了。

那天,邻家小妹妹来我家玩。她的头发又长又软,特别漂亮。我就琢磨着,要不我就当一回真正的理发师,给小妹妹弄个最"潮"的发型?她的头发特别适合我这样的新手来做。

让我喜出望外的是,小妹妹竟然一口答应了!在她心中,我是她无比崇拜的大姐姐,她对大姐姐的手艺怎么会产生怀疑呢?说干就干。我连忙把她请进我的房间,关上门,给她围上围裙,地上铺好了报纸,然后拿来凳子和剪刀。一切准备工作做好后,我便信心十足地拿起剪刀"咔嚓咔嚓"剪起来。

我左剪一下,右剪一下,觉得剪发竟是这般容易!

可是后来，小妹妹坐不住了，两条白藕一样的小胖腿左晃晃、右动动，我生怕剪着她的耳朵，就小心翼翼地剪。可是她越动越厉害，最后竟然摇头晃脑地唱起了歌谣。这可愁坏了我，她摇头晃脑地不消停，我可怎么剪呀？我灵机一动，找了一副墨镜给她戴上。她戴上墨镜以后，被自己酷酷的样子迷住了，果然不动了，但嘴里不停地催我："姐姐快剪吧，我要出去走走！"

我又左一下右一下地剪了起来。可是，越剪越觉得哪里不对劲儿。每一次两边剪得都不对称，没办法，我就一直在修。修修剪剪，小妹妹的头发好像故意跟我过不去似的，始终没达到理想效果。终于，我不能再往下剪了：不是因为我不想剪了，而是不能再剪了。小妹妹的一头长发，已经被我剪得变成小寸头了。

我硬着头皮，翻出我最喜欢的一顶帽子给小妹妹扣上。小妹妹又被头顶上的帽子吸引了，对着镜子扭来扭去，照个没完。我嘱咐她："这顶帽子姐姐就送给你了，最好不要摘下来，要一直戴着。"小妹妹使劲儿点头，说："谢谢姐姐！这真是一个大大的惊喜！"

小妹妹蹦蹦跳跳地走了，我估计她回家后，一定会哇哇大哭的。因为这个"惊喜"，只有惊，没有喜！

我的妈妈是"馋猫"

董笑颜

我的妈妈很瘦弱,她总抱怨自己的胃口不好,但我看她的嘴巴从早到晚都没闲着,不是吃这就是吃那的。甚至每天晚上上床前,她都要拿几颗螺旋藻含着睡觉。你说她是不是一个不折不扣的"馋猫"?

每次我肚子饿得咕咕叫时,总能从她的床头柜、手提包、衣服口袋里搜出巧克力、话梅、开心果等零食来,还从来没有一次空手而归的。你说她是不是"馋猫"?不过,她虽然嘴馋,但很少吃"独食",只要我能自觉地完成作业,或者"奉上"一些学校获得的奖状,或是主动帮忙做点儿家务,她都会很慷慨地与我分享她的零食。这些"小恩小惠"对我来说还是很有诱惑力的。

有一段时间,我在学校跟几个同学学会了一些不雅的网络词语,回家后和妈妈聊天时,稍不留神就"蹦"了出来。开始,她好像没听到一样。我心里窃喜不已,以为她根本不会在意,于是,这几个词就成了我的口头禅。几天后,"馋猫"妈妈说带我去超市买零食,我高兴坏了。可是在琳琅满目的零食架上,她只拿了十几盒口香糖。我很不高兴:"妈妈,为什么只买口香糖?""有人最近有些口臭,需要嚼嚼口香糖清新口气!"我的脸"唰"地一下红了……口香糖被妈妈整整齐齐地码在客厅的茶几上,我却很少吃,但从那以后,我再也没说过脏话了。

每个周末,家里都要过一次"劳动节",我这个小"家庭妇男"当然是"有乐共享"的。我和妈妈实行"包干制",她负责打扫楼上的卫生,我负责楼下的清洁。打扫卫生前,她会准备一个超大的水果拼盘,里面盛满了苹果、香蕉、雪梨……色、香、味俱全,让人直咽口水。但一想到"馋猫"妈妈都能忍住不吃,我也只好边咽口水边干活了。有诱惑就有动力,每次我都赶在妈妈前面做完清洁,然后坐在沙发上捧着水果拼盘大快朵颐。"馋猫"妈妈一听到我那"吧唧吧唧"的咀嚼声,总会在楼上大喊大叫:"儿子,别都吃完了,给我留一半啊!"

哈哈,看来妈妈是"馋猫",我也是"馋猫",真是"一脉相传"啊。

坐着"敞篷车"去上学

周 维

拥有一辆敞篷车是妈妈曾经的梦想,这不,今天爸爸又把妈妈的车开走了,无奈之下,妈妈只好翻出了一辆年代久远的环保"敞篷车"——自行车送我上补习班。

"丁零当啷",自行车上路了。由于妈妈已经很久没有骑自行车了,因此她骑车的技术十分生疏,特别是刚上路时,妈妈竟以夸张的"S"形路线前进,害得我险些从车后座上摔下来。

突然,前方出现了一个大陡坡,妈妈开始努力蹬着车:"嘿哟!嘿哟!"嘴里还喊着加油号子呢!"啊,我要溜坡啦!"什么?溜坡?妈妈开惯了汽车,开车的用语都来了。唉,我还是老老实实坐好吧。

好不容易骑上了陡坡,妈妈长长地舒了一口气。"啊,终于上来了!"我绷紧的神经还没来得及放松,车就开始了下坡，本以为下坡一定会很简单，谁知下坡更是惊险！妈妈竟把自行车当成了汽车开，开始猛踩"油门儿"！自行车飞速前行，几乎到了失控的程度，我和妈妈狂叫着"滑"下大斜坡，惹得路人纷纷投来异样的目光。"砰！"不知滑了多久，我们终于被路面上的一条减速带"强行"减速，只是那一"咯噔"，颠得我屁股好疼好疼！

哭笑不得的我们稍作片刻调整便继续前进，不一会儿车子"驶"进了繁华的解放路。双休日的解放路很是热闹啊，我和妈妈骑着辆"敞篷车"在车堆中挤来挤去（妈妈还以为自己开的是汽车，因此一直行驶在机动车道里），有好几次，妈妈骑车带着我从几辆汽车的缝隙中穿过。因为骑着自行车，妈妈也顾不上什么交通规则了，居然还闯起了红灯，我真为她捏了一把汗。

好不容易拐进了一条胡同，这里人少路平，我和妈妈这才将悬着的心放下，可妈妈却开始"不安分"起来，她一会儿沿曲线行驶，一会儿又故意上下颠簸，一路上我俩笑声不断。

坐妈妈的自行车后座，真是太刺激了！

窃饮记

何应其

咕噜噜，你抽屉里怎么那么多零食？你不是说要减肥吗？

这……这……不吃饱怎么有力气减肥？

真是服了你了，打着减肥的名义自欺欺人，你也算得上是高手了。学学我们的小记者，偷喝奶粉既没有被人发现还表了孝心，真是一举两得！

"唉，体重又超标了！"我无奈地走下体重秤，摇了摇头。没办法，又不能吃点心了。一想到点心，肚子就向我"咕咕"地抗议了。肚子越抗议，点心的诱惑就越强烈。我终于挣扎着打开冰箱，可是冷冻室里"举目无食"，我又打开下层，里面是一堆保健品和不能吃的东西。呵，还好，角落里躺着一包奶粉。喝奶粉是会胖的，可是我……喝，还是不喝？我站起，又坐下，又站起，反复了十几次后，终于没能坐住。我脱掉鞋子，穿上袜子，目的是在地板上行走时不发出声音。我走到厨房里，将奶粉倒进杯子，却发现没有开水。我赶紧烧水，外婆在隔壁问我："何应其，你在干吗？"我不得已撒了一个小谎："我在厨房里找东西呢！"

水烧开的声音响了起来。"明修栈道，暗度陈仓"，这项工程有点儿大，是时候弄个"挡箭牌"了。我假装客气地对外婆说："外婆，我给您泡一杯牛奶吧。""哟，我外孙这么乖啊！"取得了外婆的信任后，我便大胆了起来。水一会儿就烧开了。我把水倒进装有奶粉的杯子里，泡得并不是很满，我知道水太多的话不容易凉下来。我拿起调羹，轻轻地搅拌了一会儿，然后再拼命地吹气，吹一会儿，尝一口。稍稍凉下来了，我立刻拿起杯子"咕咚咕咚"地一饮而尽。呵呵，真香甜啊！

喝完后，肚子立刻舒服起来。接着要销毁证据了，我先把倒在外面的奶粉擦掉，将奶粉袋放回冰箱，再轻轻地洗干净杯子，然后把杯子立刻放回原处。我又拿出一个杯子，倒上奶粉，加上开水，故意用调羹搅拌得"当当"响。

"外婆，奶粉泡好了，您尝尝看。"我端着一杯热气腾腾的牛奶，向外婆房间走去……

海 的 味 道

黄丹橙

故乡,是个海滨小镇,一切事物都充满了淡淡的鱼腥味,包括空气也不例外。也许是海风的滋润,使得一切都依附着海的味道吧。每当我走近那蓝蓝的大海,闻着空气中那洋溢着的咸咸的鱼腥味,我总会想起奶奶,想起我与奶奶的故事。

奶奶年过花甲,但人却精明能干。也许是小镇长年海风的吹袭,奶奶的皮肤黝黑,但十分健康。宽厚扁平的额头上"小鱼儿"排列整齐,远远望去还真像五线谱被硬生生地刻在了头板儿上。别说,奶奶的脸上,还真有一番海的味道!

阵阵海风吹过,这院后的小田,也许就是奶奶的乐园。稻花香里,鸡鸭嬉戏,孩童玩耍,最有趣的要数奶奶赶鸭子了。奶奶养了十几只番鸭,那鸭子三五成群,叽叽咕咕，最爱踏着海浪四处奔跑。白天，成群的鸭子上上下下地游，时而钻下水叼起小鱼；时而扇起翅膀，鼓满凉风，有如一片片白帆，嘎嘎地叫着。太阳落山了，可这群调皮的家伙就是不肯回家，还贪恋着海滨的那一份自由呢！每当这时，奶奶总会一手捧着一堆好吃的，一手持着根棍子，慢慢地吆喝着走向鸭群，嘴里叫唤着"bibi——bibi——bi"声，仿佛海中仙子的吟咏，清亮悠长！

这叫唤声可真奇怪，小孩子们觉得有意思，也跟着叫了起来，于是整个小村里都回荡着这叫唤声。我也不知不觉跟着叫了起来，加入了这赶鸭行列。我抡起木棒二话不说就往鸭群里冲，可谁知它们见了我就到处乱窜，赶了这只，跑了那只，我一边追一边喊着"bibi"的口号，忙得不亦乐乎。被我这一"捣蛋"，奶奶的"节奏"也乱了，十几分钟下来，本早该赶回鸭圈的鸭子们还和奶奶玩着捉迷藏，而奶奶和我已经被那调皮的鸭儿折腾得满头大汗！夜色渐渐地涌了上来，小鸭们还没有归心，个个像叛逆的少年，依然游玩于水中。我跑，它们也跑；我停，它们也停下来，歪着脖子朝我"嘎嘎"叫，似乎在嘲笑我的无能。我气不打一处来，将木棒一扔，不干了。奶奶依然手脚不停，赶着鸭群，继续用她那有魔力的吆喝声召唤着她的"孩子"们，"bibi——bibi——bi"，好一个海的女子，她手持木棍，东奔西走，左闪右击，使出浑身解数，终于把鸭群给降服了！这就是海边儿女的韧性！

夜幕降临，星汉灿烂。我坐在奶奶新编的小竹椅上，数着天上的星星。奶奶轻抚着我的小脑袋，语重心长地对我说："孩子，做事不能半途而废，要有海一样的秉性。每天早晨，海水涨潮，它非得留下个印记不成；每天晚上，退潮了，它也非得将印迹清个一干二净才肯走。这就是海的秉性！"我知道奶奶对我热切的希望、不倦的教诲，就是希望我能拥有大海一样的秉性，坚持不懈。

如今，我远在他乡，只有儿时的记忆和电话线那头的谆谆嘱咐陪伴着我一路成长，每当遇到挫折与困难，想要放弃时，就会想起星空下奶奶那番语重心长的话，似乎又听见海浪在不停拍打沙滩的声音，这便又使我增加了勇气。

我去北京领奖啦

汪艺涵

上学期,我的作文《奶奶的三轮车》在一次全国征文大赛中获得了一等奖,举办单位寄来了获奖通知,通知我去北京参加颁奖活动。我好高兴!爸妈毫不犹豫地支持我去北京领奖,但他们要上班,于是就让奶奶带着我去。7月17日上午,奶奶带着我坐上了开往北京的火车……

颁奖的一天到了。我怀着无比激动的心情,早早来到人民大会堂前等候。人民大会堂好气派啊,浅黄色花岗岩墙体,上面是黄绿相间的琉璃瓦屋檐,下面是花岗岩基座,周围环列着一根根高大的圆形廊柱。八点钟,武警叔叔打开了大门。经过安检后,我和来自全国各地的获奖同学一起,在工作人员的带领下,排队依次进入人民大会堂。人民大会堂里面更壮观,我边走边看,心潮澎湃,激动万分。

我们来到人民大会堂三楼，经过留影厅时，工作人员大声地对我们说："各位同学、家长，请大家在留影厅照张合影，孩子站前面，家长站后面。"我们迅速依次站好，微笑着面对相机，"咔嚓"一声便照好了。然后，我们又随着工作人员来到颁奖的地点——小礼堂。小礼堂里放满了座位，座位的四周摆放着绚丽多姿的花篮。我们各自按序号对号入座。伴随着优美的迎宾曲，颁奖老师依次上主席台就座，然后，主持老师宣布颁奖仪式开始。

给我颁奖的是著名儿童文学作家庄之明老师。庄老师虽然年逾古稀，但精神矍铄，腰板硬朗，他先给我颁可了红彤彤的获奖证书，然后又给我发了大奖杯。奖杯通体晶莹剔透，上面还刻着我的名字和奖项，下面刻着"北京人民大会堂"七个字。庄老师握着我的手，亲切地说："恭喜你，汪艺涵小朋友，希望你再接再厉。"

捧着红彤彤的获奖证书，举着沉甸甸的水晶奖杯，我心里别提有多激动了，感觉恍如在梦中。我心里默默告诉自己，一定要继续努力，写出更多更好的作文，争取下届征文大赛，还能来北京领奖。

我的植物"邻居"

潘彦林

我是一只七星瓢虫,无忧无虑,生活在一片青翠的草丛里,我有着许多植物邻居,我的居所与他们挨得很近。

又是一个清朗的早晨,我愉快地与早早就醒来看太阳的牵牛花打招呼。牵牛花这个家伙有早起的习惯,两三下爬到树顶,准备欣赏清晨的朝阳。只听见她敷衍地应了我一声后,就继续目不转睛地盯着正渐渐升起的太阳,一脸陶醉。

我感到没趣,打算"下楼",爬下高高的草茎,准备去看看我的邻居们。

野蔷薇小姐伸了个懒腰,嫩绿色的纤细腰肢更显得她身姿姣好。我闻了闻随风飘来的芬芳花香,嗯,还不止她一个起床了,因为蔷薇的花香中还掺杂着其他的花香。辨认了一下后,我绕开挡在面前的一栋"建筑",顺着一条没有杂草的小路，往前走去。

　　映入我眼帘的是正在打哈欠的龙葵花先生，昨天晚上喝水时不小心洒出来的水珠还留在他身上。不要问我为什么知道这件事，这家伙老是犯这毛病，大家也早已习以为常了。

　　这时，只听远处传来了一阵自夸的声音，那声音里带着沾沾自喜。不用说，一听这声音就知道是自恋的半枝莲在说话了。

　　琅琅的读书声响起，我往前一瞥，发现小草弟弟们正齐声朗读着。原来他们正聚在一起上课呢！老师是狗尾草先生，他正摇着头，仿佛是在抱怨来捣乱的风弟弟，与此同时，他那一头毛茸茸的头发也随之摇晃。

　　太阳发出的光渐渐强烈起来，朋友们都舒服地挺起了身子，我也该回去了，因为我知道，十点半我们的村子里还有一场音乐会呢！

寻找幸运星

石子谊

夕阳西下,落日的余晖洒在大地上泛出点点金光。爸爸微笑着:"女儿,知道幸运星吗?如果你能找到幸运星,那你就是最幸运的人。"

我愣了,摇摇头,呆呆地站在那儿。

晚上,我来到小阳台,坐在窗边,带着爸爸的问话开始寻找幸运星。墨蓝的天幕中挂着无数颗小星星,我时而左看,时而右看,时而抬头仰望,时而低头沉思,极力地想找到那颗幸运星,直到眼花了,也没找到,不禁有些悻悻然。

第二天晚上,我再次来到阳台寻找幸运星,再次失望而归。三天,四天,五天……一个星期过去了,我似乎看到了一颗最大最亮的星,便十分激动地大喊着:"我找到啦!我找到啦!"可是,没一会儿就有比它更大更亮的星星出现了。我开始觉得爸爸是在跟我开玩笑。

不知什么时候，爸爸走到我的身边，对我说："我不知道你找到了没有，但我找到了我的幸运星。"我茫然地看着他，问道："在哪里？"他笑着说："生活中那些帮助我的人，爱我的人，都是我的幸运星。"

第二天放学后，天空突然下起了大雨，我忙躲到雨棚里。只见一把伞撑在我头上，一只手牵着我往前走，是妈妈。看着她，如同一颗明亮的星照亮我的整个世界。

原来，爸爸说的幸运星并不是天上的"星"，而是心中的"星"。

暑假"美梦"

陈逸轩

清晨,我慢慢地睁开惺忪的睡眼。咦?我这是在哪儿?

我正躺在火车的卧铺上,车厢里十分安静,只有火车轧铁轨的声音。我看了看腕上的手表,按日期来算的话,此时还是暑假。我不在家写我那如山的暑假作业,反而来火车上睡了一个舒舒服服的大懒觉。难不成……我是在旅游?我又惊又喜,格外激动。

这时,坐在旁边的爸爸打断了我的思路:"别睡了!快收拾行李吧!咱们马上到西藏了!"

什么?西藏?就是那个神圣的地方?那里有着世界海拔最高的山峰——珠穆朗玛峰,有着世界十大遗产之一——布达拉宫。

西藏很快就到了。这里的天好像换了样似的,瓦蓝瓦蓝的,像是被谁用蓝色的油漆均匀涂抹上去的一样。是谁呢?原来是大自然这位出色的画家。白云像棉花糖,白白的、一大团一大团的。远处,高山一座接着一座,连绵不断。高高的山顶,被终年不化的积雪覆盖着,就像给高高的雪山戴上了一顶漂亮至极的白帽子。

我们先后游览了雅鲁藏布大峡谷、布达拉宫、大昭寺、纳木错湖等著名景点。那才叫一个真正的爽。

玩了几天,该回家了。

回家后,我还是可以尽情地、自由自在地玩。估计许多人会有疑问:你不写作业了吗?不不,是老师和家长留的作业少呀。全力以赴地写作业,差不多十天就能全部完成。这暑假真好!

正当我沉浸在美好的暑假里面时,一阵铃声打破了我的美梦。

"毛毛,毛毛,起床了!起床了!""妈妈牌"闹钟又开始了。

咦?我不是正在享受美好的暑假吗?原来是一场梦啊!我又要在无边的"作业海"中无限地畅游了。

这是一个作业少、游玩多的梦幻暑假,也是我日思夜想的理想中的暑假。

心湖里最美的涟漪

王坤河

每当我铺开作文本写作时,每个方格里都仿佛凝注着黄老师清澈的目光,是叮嘱,是鼓励……

黄老师是温柔的,透过厚厚的镜片,她的目光像浅浅的溪水般清灵,她的嘴角总是轻轻抿着。她对我们从来不斥责喝骂,总是表扬我们、鼓励我们。我在班上成绩并不突出,写作文有时会想象得出格些,总有些同学会嘲笑我,这时黄老师总是用她那温柔的目光安慰我,给了我写作文的信心。

有一次,写看图作文,画面是乌云密布、大雨倾盆,一位老师撑伞送同学回家。我当时写道:"老师的伞就像乌鸦展开的翅膀,庇护着自己的孩子。"

"切,把老师写成乌鸦,会不会写呀?"

"伞明明是圆的,怎么会像乌鸦的翅膀?"

同学们嘘声一片。我低垂着头，心里委屈透了："爸爸明明说过乌鸦是一种很爱自己孩子的动物，还讲过乌鸦反哺、羊羔跪乳的故事，为什么不能把老师的伞比喻成乌鸦的翅膀呢？"我彷徨无助的样子，让黄老师看见了，她走过来摸着我的头，微笑地对同学们说："坤河的想象很奇特呢，也写得好，你们想一想鸟儿都很爱他们的孩子，在风雨中都是用翅膀保护自己的孩子，这和画面要表达的意思是不是很一致呢？"话音一落，同学们都讶然望着我，在底下悄悄地议论。

　　"是呀，我看见燕子用翅膀给小燕子遮雨。"

　　"老鹰捉小鸡的时候，老母鸡也是张开翅膀保护小鸡的。"

　　黄老师温和的庇护，同学们理解的言语，让我的心一下子开朗了。我怔怔地望着她，她冲我笑了笑。那时我觉得黄老师是世界上最理解我的人。

　　时光流逝，我现在越来越爱写作文，也写得越来越好了。每当我拿起笔时，我的眼前总浮现着黄老师清澈的目光，那是我心湖里最美的涟漪。

大 公 鸡

谢奕翔

我家有只大公鸡。它身穿五彩斑斓的外衣，鲜红的鸡冠犹如一团燃烧的火焰，乌黑发亮的弯尾巴，使它看起来英俊潇洒、帅气十足。嗬！真不愧是公鸡王国的"帅哥"。

大公鸡什么都好，就是脾气倔，不讲理。一次，我端来一盆鸡食，鸡们蜂拥而至，大公鸡称得上是鸡族中的运动健将，数它最快，它凭借自己的大力气，占领了吃食的最佳位置，把母鸡们挤到一边，不让吃。有的母鸡不识趣地跑来偷吃，大公鸡可一点儿也不宽容，狠狠地啄它的背，直到鸡毛纷飞，母鸡落荒而逃。我实在看不下去了，决定替母鸡打抱不平，修理一下这个"大恶霸"。我轻轻地打了它一下，这下大公鸡可恼了，也不顾我是它的主人，"咯咯"地叫着，扑扇着翅膀，向我扑过来。

西班牙有人斗牛,我今天可要斗鸡了。还没等我反应过来,大公鸡已经开始进攻了。它扬起"芭蕉扇"(鸡翅膀),顿时"飞沙走石"向我袭来。真是厉害!我只好向后退。它见我有些慌,显得更傲慢了,对我穷追不舍,一面扇着"芭蕉扇",一面用弯刀似的尖嘴啄着我的腿,这可是大公鸡的绝招之一——夹肉术。我快招架不住了,忙去搬救兵。

我跑进屋请来妈妈,公鸡一看是个"巨人",不敢轻举妄动了,真是个欺软怕硬的坏家伙。不过它悄悄地用了又一绝招——恶心术,它拉了一泡屎。然后脖子一伸,胸脯一挺,大摇大摆地走了。走了几步,它回过头拍了拍翅膀,好像在神气地说:"怎么样,我够厉害吧!"无奈,妈妈只好放了大公鸡一马。

大公鸡虽然不讲理,可它很尽职。不管刮风还是下雨,天一亮,它就准时报晓,比我的小闹钟还机灵呢!我也不愁上学会迟到了。

我家的这只大公鸡就是这样既可气又可爱。

奇妙的浮潜之旅

徐兴沛

暑假里,我们一家去澳大利亚旅游。我在摩尔礁经历了一次奇妙的浮潜之旅,与许多原本只能在电视上、书本上、水族馆里才能见到的海洋生物来了一次"亲密接触"。

我们登上太阳恋人号游轮,预付了浮潜的费用。船到了摩尔礁,专业浮潜教练员便来接待我们。她指导我们穿上浮潜服,做好准备工作。我觉得自己游泳技艺高超,浮潜不会有问题。但是,真正穿戴整齐开始浮潜时,我才知道,浮潜远没有想象得那样简单。四周是一望无际、深不见底的大海,要是被海浪冲走可就惨了。游泳的动作基本用不上,学浮潜必须从零开始。在教练员的耐心指导和鼓励下,我学会了浮潜的基本要领,最终战胜恐惧,在教练员的引领下出发了。

我把头探进水里，各种各样、造型奇异的珊瑚立刻映入眼帘。它们有的像人脑，有的像向日葵，有的像盘子，有的像灌木，还有的甚至像意大利面，千奇百怪。五彩斑斓的珊瑚你挨着我，我挨着你，点亮了整个海底世界。看到这一切，我心里既激动又紧张。

　　突然，我发现有个全身黄白相间、尾部披着蓝色丝带的小东西在珊瑚群中来回穿梭。哇，原来是"环卫工"小丑鱼尼莫。它在珊瑚缝间游来游去，好像一把牙刷在清理牙齿。我忘了自己在浮潜，兴奋地大叫起来，又咸又涩的海水呛得我眼泪直流。

　　歇了口气，我继续向前游，追上了一只海龟。它足有一张单人课桌那么大，像一块漆了彩色条纹的棕色锅盖，悬浮在海中，一定是个老寿星了吧！教练员变戏法似的扔出一把海草，它立刻伸长脖子，一口吞了下去。尝过这送上门的点心后，它就待在原地一动不动了，是在期望美味再次从"天"而降吗？在教练员的鼓励下，我伸手摸了摸它的脊背，又凉、又滑、又硬，一股凉意顺着我的胳膊向上走，我觉得自己的心脏好像都要跳出来了。

　　我还想往前游，可教练员提醒我们该返回了。这次奇妙的浮潜之旅让我大开眼界，看到了一个绮丽的海洋世界。但我知道，这只是广阔的海洋世界中极小的一部分。如果我可以驾驶"蛟龙号"潜入深海，一定会看到一个更加美妙的世界！

友谊天长地久

黄雯

日月如梭,白驹过隙,转瞬间,我们相处了六年。这些年,我们一起哭、一起笑。常常因为一个小矛盾而争吵,转眼便又破涕为笑。

一直觉得我们就像鱼一样记性差,转眼便忘,现在才知道,不记仇,是因为我们之间有爱,同学之爱。

永远都记得我的朋友盈儿和晔子。在成为朋友之前,我们的关系并不好,常常为一些小事吵架,是一次她们帮助我的小事拉近了我们之间的距离。

那天,攀在枝头鸣叫的蝉不时地抱怨着夏天的炎热,水塘里的青蛙在呱呱叫,盼望着秋天的到来。"屋漏偏逢连阴雨,船破又遇顶头风"。我们竟然在这样的天气还要上体育课。体育老师似乎心情不好,做好准备活动后就让我们去跑两圈。学校操场不大,但也不小,一圈下来有两百二十米左右，两圈那就是四百四十米，对于我这个"运动蠢材"来说不是要累死了吗？

我的小短腿在队伍后面迈着"鸭子神步"跑着，一个不小心被石头绊了一下，摔了一个"狗啃泥"，爬都爬不起来。就在我挣扎的时候，一只被阳光镀了金的手映入了我的眼帘，接着一只纤细的手也映入了我的眼帘。抬头一看，正是晔子和盈儿。我看着她们上扬的嘴角，忍不住也露出了一个微笑，将手递给她们，瞬间被拉了起来。膝盖上的疼痛将我的眼泪逼了出来，我忍不住哭了。盈儿拿出一张纸巾为我擦干眼泪，又拿出一张纸巾递给晔子。晔子接过纸巾，细心地蘸了点水帮我捂着伤口。然后，她们带我去了医务室。

在一旁看热闹的同学们，见我没事，居然还嘲笑我。我又恼又羞，豆粒大的眼泪落了下来。她们为我擦去双颊的眼泪，告诉我"要坚强"的时候，我觉得她们就像长着翅膀的天使。阳光照在她们脸上，幻化为和平友善的化身。也就是从那时候起，我们成了最好的朋友。

窗外的白鸽飞来，又飞走了。六年的小学时光也转瞬即逝，我们的友谊却天长地久，永远不变！盈儿，晔子，我们永远是最好的朋友！

缝沙包比赛

庄新苑

"哇,你的布好漂亮!""你带的是'虾米'粮食?"大家七嘴八舌地议论着。原来我们班要举行一场缝沙包大赛,主办方是臧老师,参赛人员是全班同学。

"预备——开始!"老师一声令下,教室刚才还像个集市似的,此刻顿时变得鸦雀无声。我心想:缝沙包,太简单了!本来我就会缝东西,昨天晚上又练了练手,绝对是高手中的高手。

我扫了一眼其他同学,只见刘光凯满头大汗,因为穿针引线而急得不知所措;房旭峰手忙脚乱,线也缠在了手上;李明洁挑选的花布真漂亮,用来填充沙包的是五谷杂粮;李法龙眼睛紧紧地盯着沙包,针像飞来飞去的蝴蝶般灵活地穿梭着,嘴还有规律地张合,好像是数着针脚呢;而张晓雨快速地拉动手中的针线,真像一位"缝纫大师"!

忽然,耳边传来这样的声音:"完了,我的针去哪儿了?"不用猜,肯定是我那笨手笨脚的同桌把针弄丢了。我往他那儿瞟了一眼,见他急得像热锅上的蚂蚁,满世界地找针。

我不甘示弱,飞速地穿好线,专心致志地缝起来。我在缝第三块布的时候出了点儿意外,把线给缝反了,只好费力地拆线,重新忙活我的沙包。幸好我早就发明出了快捷的"串葫芦"缝法,胜利的皇冠还是有机会降临到我头上的。

就在我思绪乱飞的时候,郭彦廷用洪亮的男中音喊道:"我缝完了!"我一下子手足无措起来。怎么这么快?神啊,救救我吧!一急起来,我的手都有点儿哆嗦了,越着急越缝得乱七八糟。我干脆不封顶了,三下五除二缝了个三角形,又忙不迭地将黄豆装进去。新品种大功告成!我正想站起来去邀功,突然,一颗小黄豆"飞"了出来,我只好修补这个"漏雨的房子"。

终于缝好了,虽然针脚有点儿难看,可我还是特别喜爱这个沙包。我把这个蓝色的三角沙包装进手折的小篮子里,起名为"蓝田玉酒",可有成就感了!

这次比赛就像一杯咖啡一样,值得我们仔细回味,它有一股美好的芳香,我会把它小心翼翼地珍藏在记忆的相册里。

奇异的圣诞树

刘 念

圣诞节那天,我在学校门口的小摊上饶有兴致地买了两包"七彩圣诞树"。

一回到家,我就迫不及待地拆开了包装袋。咦?不就是两张圣诞树形状的硬纸片和一包"药水"嘛,还"七彩圣诞树"呢,能长出来吗?我半信半疑地把"树"平稳地放在盘子里,将"药水"随手一浇,就去看电视了。反正,我对它也不抱太大的希望。

"刘念,吃饭了!"听到妈妈的喊声,我才恋恋不舍地从电视剧情里走出来。突然,一个"毛茸茸"的东西映入我的眼帘——"哎哟!这不是我的圣诞树吗?怎么变成这样子了?"我边尖叫,边"咚咚咚"地跑过去,仔细一瞅,刚才被"药水"浇过的地方竟然都冒出了剑状的"冰花",气势凛然,更有一团团的"绒球球"遍布树身,粉嘟嘟的，像顽皮可爱的北极熊，太有趣了！

　　我欣喜万分地将另一包也拆开，小心翼翼地装好，浇完"药水"，才走向饭桌。但饭刚吃了几口，我便按捺不住好奇心，端着碗跑了过去。没想到，这棵圣诞树的"实力"远远超过了前一棵，短短几分钟，锋利的"冰剑"已是一把挨着一把、一层叠着一层，而"绒球球"也像变戏法一样争着向外冒，蓬松得好像轻轻一碰，瞬间就会爆开。真是"人外有人，天外有天，圣诞树外有圣诞树"啊！两棵树在一起，就如在冰天雪地里上演着一场"剑术大赛"，这些"剑"带着"呼呼"的风声、"叮当"的撞击声，翻飞、回旋，紧张而又激烈，不决出胜负决不罢休似的。

　　我看得连饭都忘了吃……

闹 元 宵

桂易凯

正月十五闹元宵，怎么闹呢？当然少不了舞龙，武汉人叫玩龙灯。今年我算是大开眼界，我随着爸爸来到武汉黄陂区，看了一场真正的"斗龙"大战。

舞龙队的"龙头大哥"陈伯伯是爸爸的朋友，他身材高大魁梧，舞龙已经三十多年了。谈起舞龙，陈伯伯口若悬河。据他介绍，他们舞的是地地道道手工制作的布龙，龙架子是竹子编成的，下面的撑竿长约一米半，加上人的身高，龙显得高大威猛。陈伯伯还告诉我们，舞龙要选一个天晴的日子，只要不过正月十五就行。第一个程序是请龙，放鞭炮，敬香祝愿，才可以把舞龙的一套东西搬上场，光乐器就有五种。如果是新龙，龙睛一般是空着的，到舞龙那天，请一名德高望重的人用毛笔蘸上墨水点上眼睛，这样龙就活了。我们一边津津有味地听着陈伯伯的介绍，一边来到舞龙场。

在舞龙场的空地上放着两条龙，一条红龙，一条黄龙，都有二十三节，属于"长龙"类。龙头十分威武，张开大嘴露出尖锐的牙，龙身上绣有彩绘吉祥的图案，五彩斑斓。

一阵锣鼓喧天，舞龙队进场了。只见舞龙人穿着清一色的中式薄衣衫，下身灯笼裤，腰间都扎着一条白宽带，一队大红，一队大黄。人们围成一大圈，密密麻麻的。"咚、咚、咚咚、咚咚、咚咚咚……"两队人马先围着场子转了几圈，热场子。然后两个龙头相对，队伍一字排开，龙开始舞动起来。

龙头不时左右摇摆，龙身如漩涡似的卷起来，只见一个圆环连着一个圆环，犹如龙真的在云中翻滚腾跃，这就是人们常说的"滚龙"。两条龙时而腾起，时而俯冲，变化多端。两支队伍互不相让，锣鼓声始终不停，舞龙人、打鼓人个个满头大汗、青筋直冒，红龙、黄龙搅在一起，上下翻腾。围观的人们看得几乎入迷了，舞到高潮处，舞龙人、观众一起大声吼叫起来，那气势地动山摇。舞龙队还亮出了绝活：金龙喷水、白鹤亮翅、双跳龙门等，赢得了满堂喝彩。两条龙缠在一起斗，谁也不肯认输，直到最后村长出面才收场。

而后两条龙分别到各家各户去"拜年"。每到一家，主人就燃放鞭炮，希望龙在自己家里多舞上一会儿，得一个新年好兆头。老辈人还在房梁上高挂一个大红包，舞龙人不能搭梯子，只能以叠罗汉的方式舞上去取下红包。红包取下时，每个人都欢天喜地。

今天，我作为"龙的传人"真真切切地感受到了龙的威武和吉祥。舞龙舞出了中国人的红红火火，舞出了中国人的欢欢喜喜。

辩 论 赛

邱雅若

教室里，唇枪舌剑、唾沫横飞……你一定很奇怪我们在干什么。唉！还是我来告诉你吧，我们正在进行辩论比赛呢！主题是"诚信与善意的谎言"。

我方的观点是"善意的谎言无碍于诚信"。我是一辩。一辩可是很重要的，因为一辩的责任就是要给己方一个开门红——如果一辩说好了，那就可以给其他辩友以信心，所以说我身上的担子可不轻。

好了，不废话了，赶紧说重点吧！正方一开始好似不知道规则似的，只简单地陈述了几句己方的观点，就抛了一个问题给我："如果世界上没有了诚信，将会怎样？"哈哈，我狂喜不已，真是天助我也！他们怎么会连规则也不懂呢？要知道，这个时间说是寸时寸金也不为过，因为各方的一辩只有三分钟的陈述时间。作为一辩，必须充分利用这短短的三分钟,尽可能地把观点和理由陈述清楚,尽可能地先声夺人,尽可能地给己方争取先机。

送上来的机会不要白不要。呼……狂喜且有一些小紧张的我,连手心里的汗也顾不上擦,深呼一口气后,便开始了滔滔不绝地陈述。"'谎言',显而易见是不真实的话。出于不同的目的说谎,将导致截然不同的结果:一种是出于损人利己的目的,用狡猾奸诈的手段骗人,是恶意欺诈,必然会导致道德的沦丧和社会秩序的混乱;另一种,则是出于有利于他人的目的,把真实的情况隐藏起来,是善意隐瞒,将会让感情更融洽、社会更和谐。因此,善意隐瞒和恶意欺诈从动机到结果都有着天壤之别,不可混为一谈。当贫穷的母亲把仅有的饭菜留给儿女,同时隐瞒了自己还饿着肚子的事实,难道还要指责善良崇高的母爱'不诚信'吗?"因为紧张,导致原来背得滚瓜烂熟的很多陈述词,临到现场都背不出,不得不看了很多次稿子。

好不容易把"子弹"打完,不料对手也用同样的方式,打回了一串"子弹"。就这样,正反双方的"子弹"撞在了一起,磨出了智慧的火花。我这才发现,一开始紧张的我不知道从什么时候竟然变得不紧张了,反而充满了信心——有了开门红,还愁后继乏力吗?要知道,接下来要上场的二辩可是我方的大将啊!尽管我方的其他辩友有些"羡慕忌妒恨",但对方的辩友们肯定死定了。

果然不出我所料，我方的二辩一出场，气势顿时镇住了全场的人。特别是老师看到我看稿子发言后，临时增加了一条游戏规则——后面的人不能再看稿子。对方的辩友就像泄了气的皮球一样。但对方也不是好对付的，也有高手，只是短暂的"失措"后，便开始组织了疯狂的反扑。比如，对方的三辩、四辩口才就很好，我差点儿就被他们牵着鼻子走，幸亏我方的四辩为我们力扳一局。

陈述完观点后，自由辩论开始了。

面对即将来临的腥风血雨，尽管我方的辩友在辩论前因为争当二辩闹了些小矛盾，但在"大敌"面前，他们摒弃了前嫌，选择了一致对外。在我方的辩友团结一致的努力下，特别是在对方的三辩说完后，我找出对方的致命弱点，抛了一个"核弹"出去，我们最终毫无悬念地取得了最后的胜利。

是团结让我们最终赢得了这场比赛。直到现在，这场辩论赛的精彩场景还时常浮现在我的脑海里。

惨痛的教训

路何婷

记得那时我上二年级，那天爷爷过生日，我和爸爸妈妈一起回了老家。一大家子人高高兴兴地给爷爷拜完寿，我刚想走，妹妹突然说了一句："哥哥，你等会儿再走。"我正纳闷儿，妹妹指着桌子上剩下的多半桶饮料挑衅地说："敢不敢跟我比喝饮料？"我心想，我是哥哥，一定不能输给她，当即答应道："比就比！"

说完，我倒了一大杯饮料，把脖子一扬，"咕咚"几口就把一杯喝干了。妹妹看我喝完了，也不甘示弱，倒了满满一大杯，学着我一饮而尽。就这样，我一杯，妹妹一杯，不一会儿，我就打起了饱嗝，再也喝不下去了，肚子撑得马上要爆炸了似的，坐在凳子上不能活动。转眼看了一眼妹妹，她也趴在桌子上不能再喝了。我们一数，我喝了七杯，妹妹喝了六杯。我高兴得正想大呼一声"我胜利了",话没说出口,"哇"的一声,喝下的饮料和先前吃下去的饭菜都被我吐了出来,弄得满身都是。妹妹看见了,吓得不知所措。

这时,妈妈正好过来,看见我狼狈的样子,她赶紧拿来毛巾,帮我把衣服上的饭菜擦干净。看看妹妹没有大碍,就拉着我们回家了。回到家后,妈妈给我换了衣服,并让我和妹妹都躺在床上。过了一会儿,我觉得肚子疼痛难忍,妹妹也喊肚子痛。一家子人跑前忙后,又是给我们热敷,又是让我们吃药,到了傍晚,我们两个才算稳当下来。

这件事我至今记忆犹新,一想起来我仿佛仍觉得肚子隐隐发痛。

"疯狂"的奶奶

谢东辰

我的奶奶今年六十三岁,鼻梁上架着一副老花镜,穿着最爱的红毛裤,躺在一张太师椅上悠闲地拿着手机跟别人在"窃窃私语",怎么看她都是一位悠闲自得的老太太,可你哪里知道,我的奶奶可是位不折不扣的"狂人"。

"工作狂"。奶奶特别喜欢做家务活,不是拿着扫帚东扫一下西扫一下,就是拿着掸子给那些"文物"除尘,总不闲着。每当有人劝她休息休息时,她就一句话:"不累不累,我要是不干活儿,恐怕还要生病呢!"

"细心狂"。一进奶奶的家门,就要遵守一条规矩:拿什么东西都得轻拿轻放,不能弄碎一个杯、碗、碟!毛手毛脚的我一到奶奶家就得小心了。那次,爷爷一不小心打碎了个碗,吓得他愣着不知所措。从他那惊恐的表情来看，分明是不小心触到了"原子弹"的开关！我连忙晃了晃他，他老人家才回过神来，用"光速"收拾了残局，还用"糖衣炮弹"来收买我。我当然吃他这一套了。至今，我还在帮爷爷保守秘密，如果我要说出去，嘿嘿，可有好戏看了！

"管食狂"。奶奶对我太严厉，任何零食都不让我吃！呜呜！对于处在成长期的我来说，花花绿绿的零食可是我的命根子！可对于奶奶来说，那就是一包包危害健康的"毒品"！她很反对我接近那些危害健康的食品，更可怕的是，每次我偷吃时都能被她发现。没办法，为了不激怒她老人家，我只能退一步肚里空空，忍一忍风平浪静了。

"时尚狂"。奶奶年纪大了就落伍了？NO！她可是位不折不扣的"时尚狂"。衣柜里时尚的衣服她有几十件，运动的、休闲的、参加聚会的……件件颜色艳丽，款式得体，随便穿一套就叫一个精神！智能手机她老人家就有两部：一部用来通信联系，另一部纯属用来休闲娱乐。另外她还拥有一部平板电脑，令我都羡慕不已。

怎么样？我这多元素的奶奶够"疯狂"吧！

窗内，窗外

汤琪琪

我有一个梦想，就是成为一只能够翱翔于天空的鸟儿，拥有人人羡慕的翅膀。然而，我却摆脱不了身上的禁锢，只能坐在窗内仰望天空。是的，如果可以，我想做窗外的鸟儿，而不是窗内的女孩。

临近期中考试，老师让我们自由复习。我坐在座位上，看着课桌上一大摞需要背诵的资料，我茫然了，突然有种恐慌浮上心头……我听见教室外面的鸟儿叽叽喳喳地鸣叫，突然十分迫切地想变成一只小鸟，一只不受束缚的小鸟。我想在蔚蓝的天空中自由自在地飞翔，而不是像风筝一样，虽然威风凛凛却始终身不由己，摆脱不了别人的控制。想着想着，一滴眼泪顺着我的脸颊缓缓地滑下，打湿了书本，发出"啪嗒"的声响，那是我内心无助彷徨的表现。无声的哭泣持续了很长时间，我终于擦干了泪水，下课了。

我一个人走出教室,踩着地面上一条条错杂的直线,来到了学校三味园旁的大树底下。

我坐在灰色的水泥台阶上面,陷入沉思。

耳畔中,脑海里,以至整个身心都充斥着许许多多的旋律:"当我的笑灿烂像阳光,当我的梦做得够漂亮,这世界才为我鼓掌,只有你担心我受伤。""我决定我想去哪里,往天堂要跳过地狱,也不恐惧,不逃避。"是的,我也想要有懂我的爸爸妈妈,想要有跌入地狱也不恐惧的勇气。可是,悲催的是我没有,只是想要有。

撤回思绪,我又回到了现实。

我看着台阶下面的一株株三叶草,它们是那么的娇柔却又那么的坚强。一阵阵鸟鸣从远处传来,我循着声音望去,果然发现了几只小鸟。微风拂过,我的长发随着风儿的旋律跳起了轻快的舞蹈,我的心也跟着鸟儿飞向了远方。哎哟!我突然发现我的心一直在窗外的天空翱翔,从未停止。是的,我一直都是一只鸟儿,一直翱翔在天空之中!

那一刻,我才明白,窗内的女孩儿原来就是那窗外翱翔的鸟儿!

绝食战斗计

邓菁菁

都说"民以食为天",可我偏不信,我要与食物来场大战——绝食。

我不打算把自己饿死,只打算绝食——二十个小时。

中午十二点,本人宣布——绝食正式开始了!十二点半,一道道美味像一个个可爱的小精灵,活蹦乱跳地奔上餐桌。你瞧,酸甜排骨金灿灿的,土豆丝条条透亮,汤里的丝瓜似翡翠……乖乖,这些都是我的最爱呀!我垂涎欲滴,咂咂嘴巴,两腮阵阵发酸,舌头开始打卷,口水源源不断地涌出来,真可用那句"飞流直下三千尺,疑是银河落九天"来形容……脑海中渐渐浮现出我美餐一顿的场景,啊,那叫一个诱人!

"哎呀,不行,绝食才刚刚开始呢!这么快立场就不坚定了吗?"我命令自己快走——眼不见,心不烦,鼻不闻,不想吃!"两耳不闻窗外事,一心只读圣贤书",好办法,我不再想那些美食,打算回房间看书,身体却像坐飞机似的——脚下无根。

我捂着耳朵,闭着眼睛,屏住呼吸,咬紧牙关,过了"第一关"。于是,我迷迷糊糊地过了一下午。

晚上七点,我迎来了更大的挑战。厨房里飘出阵阵扑鼻的香气,想必又有一桌美味即将登场。那香味,离我是那么近,却又是那么遥不可及!番茄炒蛋、清蒸鱼……哇,一道道菜映入眼帘,它们仿佛盼着我赶紧动筷,又仿佛在向我示威……

我只能软得像一摊泥似的躺着,肚子"咕咕咕"地埋怨着我。一起身,我像个"炭"字,头重脚轻,眼冒金星,耳朵里像有几十台轰炸机在"轰隆隆"地响,双腿不听使唤,像踩在棉花上一样,一脚深,一脚浅。

晚上,我躺在床上,翻来覆去睡不着,感觉全身冷冰冰的,再加上有一种想吃又不得吃的痛苦一直折磨我,差不多天亮了才昏昏沉沉地进入梦乡。

多么漫长的一天啊,像经历了几个世纪那样漫长。而此时此刻,我对那些食物更是"一日不见,如隔三秋"!

第二天早上六点五十九分,离绝食结束时间只有一分钟,进入"发射阶段"倒计时——十、九、八……一!

我如离弦之箭,发疯似的冲向厨房,速度之快——连"波音747"也赶不上。当时,在场的人都被我的举动吓了一大跳。

"快快快！快给我四个包子、三碗米饭、三杯牛奶、四根油条！"

一秒钟我也不能耽搁，一阵风卷残云后，我拍了拍圆鼓鼓的肚子，打着饱嗝。

"对于从不缺衣短食，过着优越的物质生活的人来说，他们永远无法感受到食物给人带来的甜美和芳香；对于那些习惯了铺张浪费、挥霍无度的人来说，他们永远无法明白食物的可贵，永远无法学会珍惜。"我躺在床上，深刻地反省着。